Using Asyncio
in Python

파이썬 비동기 라이브러리 Asyncio

| 표지 설명 |

 표지 그림은 청개구리과 *Hyla*로 유럽, 북아프리카, 아시아에 17종이 서식하고 있다. 이 과에 속하는 개구리는 대부분 길이가 2인치 미만이고, 뒷다리는 앞다리보다 길고, 손가락과 발가락 끝에 끈끈한 원판이 있다. 또한, 온도, 습도, 기분에 따라 피부색이 밝은 녹색부터 올리브 녹색, 회색, 갈색, 노란색까지 다양하다. 수컷은 짝짓기 소리를 증폭시키는 성낭을 가지고 있다. 이 개구리는 숲에서 서식하고 호수, 연못 그리고 늪에서 번식한다. 먹이는 보통 절지동물을 먹는다. 청개구리과의 모든 개구리는 흔한 것 같지만, 서식지 감소와 퇴화로 멸종 위기에 처해 있다.

오라일리 표지의 동물들은 대부분 멸종 위기종이다. 이 동물들은 모두 우리에게 중요하다. 표지 그림은 『English Cyclopedia』에 실린 흑백 판화를 바탕으로 캐런 몽고메리가 채색했다.

파이썬 비동기 라이브러리 Asyncio

대규모 병행성 작업을 위한 비동기 프로그래밍

초판 1쇄 발행 2021년 5월 1일

지은이 케일럽 해팅 / **옮긴이** 동동구 / **펴낸이** 김태헌
펴낸곳 한빛미디어(주) / **주소** 서울시 서대문구 연희로2길 62 한빛미디어(주) IT출판부
전화 02-325-5544 / **팩스** 02-336-7124
등록 1999년 6월 24일 제25100-2017-000058호 / **ISBN** 979-11-6224-419-7 93000

총괄 전정아 / **책임편집** 이상복 / **기획** 이상복, 김종찬 / **편집** 김종찬
디자인 표지 박정우 내지 박정화 전산편집 이경숙
영업 김형진, 김진불, 조유미 / **마케팅** 박상용, 송경석, 조수현, 이행은, 고광일 / **제작** 박성우, 김정우

이 책에 대한 의견이나 오탈자 및 잘못된 내용에 대한 수정 정보는 한빛미디어(주)의 홈페이지나 아래 이메일로
알려주십시오. 잘못된 책은 구입하신 서점에서 교환해드립니다. 책값은 뒤표지에 표시되어 있습니다.

한빛미디어 홈페이지 www.hanbit.co.kr / **이메일** ask@hanbit.co.kr

지금 하지 않으면 할 수 없는 일이 있습니다.
책으로 펴내고 싶은 아이디어나 원고를 메일(**writer@hanbit.co.kr**)로 보내주세요.
한빛미디어(주)는 여러분의 소중한 경험과 지식을 기다리고 있습니다.

Using Asyncio
in Python

파이썬 비동기 라이브러리 Asyncio

O'REILLY® ᕼᗷ 한빛미디어
Hanbit Media, Inc.

이 책을 쓰는 동안 아낌없는 격려와 지지를 보내준 지나[Gina]에게 깊은 감사를 보낸다.

– 케일럽 해팅

지은이 · 옮긴이 소개

지은이 케일럽 해팅 Caleb Hattingh

20년 차 베테랑 파이썬 프로그래머. 화학공학 석사 학위가 있고, 전공 분야에서 모델링부터 데이터 분석까지 다양한 파이썬 프로그램을 작성했다. 파이썬 외에도 고객 관계 관리customer relationship management(CRM)를 비롯해서 의료 재무관리 프로그램 개발이나 GPS 추적 등 다양한 분야의 프로젝트에 참여한 바 있다.

옮긴이 동동구sekyunpil1@gmail.com

20년 차 프로그래머. 웹 애플리케이션부터 은행용 자바 서버 애플리케이션, Brew/WIPI/SKVM 등 피처폰 애플리케이션, Win32 스트리밍 애플리케이션, iOS/안드로이드/윈도우폰/타이젠 애플리케이션을 개발했다. 평소 사용자 인터페이스user interface(UI), 데이터 모델링, 데이터 분석에 관심이 많다.

옮긴이의 말

멀티스레드 프로그래밍은 컴퓨터 과학 분야에서 가장 고통스러운 부분 중 하나이다. 이를 조금이라도 손쉽게 만들기 위한 많은 선연의 노력으로 함수 포인터 혹은 인터페이스 기반 방법론, 이벤트 기반 방법론, 태스크 혹은 퓨처 기반 방법론이 등장하였다. 최근의 현대적 컴퓨터 언어들은 아예 함수형, 비동기 등을 언어에서 지원하여 현업의 많은 고통을 줄여주고 있다.

파이썬도 스크립트 언어로서의 한계를 넘어 비동기 문법을 받아들이고, 파이썬 3을 통해 새로운 세대로 넘어가려 하고 있다. 현재 파이썬이 가장 인기 있는 언어 중 하나이기는 하지만, 많은 컨트리뷰터들의 헌신과 현대 언어의 개념을 받아들이는 변화 없이는 그 어떤 언어와 같이 정체기에 도달하여 구세대로 전락하게 될 것이다.

파이썬은 변화를 향한 발걸음을 내디뎠다. 많은 파이썬 사용자들이 변화의 일부분인 Asyncio를 사용하여 고민을 쉽게 풀어 편안한 저녁을 보내고 야근을 적게 할 수 있게 되길 바란다.

물론 역자의 경험에서 볼 때 asyncio를 써야 한다면 연습 혹은 잘못된 선택이 아닌 이상 어차피 어려운 일을 하고 있다는 것이므로 또 다른 일로 야근하게 될 것이 예상된다. 하지만 하나라도 해결되거나 고민을 덜 하는 정도만 되도 참 행복할 것이다.

_동동구

이 책에 대하여

파이썬 3.4에 asyncio 라이브러리가 도입되었고, 파이썬 3.5에서는 더 쉽게 사용할 수 있도록 async와 await 키워드가 도입되었다. 새롭게 추가된 기능들을 통해 소위 **비동기** 프로그래밍이 가능해졌다.

파이썬 커뮤니티는 이러한 새로운 기능(이하 **Asyncio**)을 다소 조심스럽게 받아들였다. 일부 사람들은 복잡하고 어려운 것으로 생각했다. 이러한 우려는 초보자들에 국한되지 않았다. 파이썬 커뮤니티에서 유명한 일부 기여자contributor도 파이썬의 asyncio API의 복잡성에 대해 의구심을 표명했다. 커뮤니티 내의 교육자들은 학생들에게 Asyncio를 과연 잘 가르칠 수 있을지 우려하기도 했다.

파이썬을 몇 년간 사용해본 사람 중 대부분은 스레드thread를 사용해본 경험이 있다. 혹여 스레드에 대한 경험이 없다 하더라도 **블로킹**blocking은 경험했을 것이다. 예를 들어 여러분이 requests 라이브러리를 사용하여 프로그램을 작성할 때 requests.get(url)을 호출하면 프로그램이 멈칫하는 상황을 경험했을 것이다. 이것이 블로킹으로 인한 결과다.

일회성 작업인 경우에는 괜찮을 수 있다. 하지만 동시에 **10,000개**의 URL을 호출한다면 requests를 적절히 호출하기란 쉽지 않다. 대규모 병행성(동시성)concurrency은 Asyncio를 배우고 사용해야 하는 큰 이유다. 또한 안정성도 선점형preemptive 스레딩에 비해 Asyncio가 더 나은 이유다. Asyncio를 통해 경합 조건race condition으로 인한 오류를 훨씬 쉽게 방지할 수 있다.

이 책에서는 이러한 새 기능들이 도입된 이유와 사용 방법에 대한 기본적인 부분을 설명한다. 상세한 주제는 다음과 같다.

- 병행 네트워크 프로그래밍concurrent network programming에서 asyncio 라이브러리와 threading 라이브러리 비교
- 새로 도입된 async/await 문법 이해
- 파이썬 기본 라이브러리로 새로 도입된 asyncio 라이브러리 개요
- Asyncio와 호환되고 인기 많은 서드파티third-party 라이브러리들에 대한 사례 연구

우선 스레드 프로그래밍에서 비동기 프로그래밍으로의 이동을 위한 사고 전환에 대해 설명하겠다. 그리고 파이썬 언어에서 비동기 프로그래밍을 수용하기 위해 필요했던 변화들을 살펴보겠다. 마지막으로 이러한 새로운 기능들을 가장 효과적으로 사용하는 몇 가지 방법을 확인하겠다.

Asyncio 기능으로 프로그램 작성 방법이 극단적으로 변하지는 않는다. 특정한 상황에서 적합한 방법을 제공할 뿐이다. asyncio 라이브러리를 적절한 상황에 사용하면 대단히 유용하다. 이 책으로 특정한 상황들과 Asyncio 기능을 적절히 적용하는 방법을 확인하겠다.

감사의 말

이 책의 초안 작성에 많은 도움과 매우 귀중한 피드백을 제공해주신 애시위니 발네이브스Ashwini Balnaves와 케빈 베이커Kevin Baker에게 감사합니다. 이 책이 처음 보고서 형태로 초벌이 나왔을 때 검토를 위해 귀중한 시간을 할애해준 유리 셀리바노프Yury Selivanov에게도 감사합니다. 마지막으로 편집에 많은 도움을 준 오라일리 편집팀에 감사의 인사를 전합니다.

CONTENTS

CHAPTER 1 Asyncio 소개

CHAPTER 2 스레드에 관한 진실

CHAPTER 3 Asyncio 공략

CHAPTER 4 여러분이 사용하지 않는 Asyncio 라이브러리 20개

CONTENTS

CHAPTER **5 마치며**

APPENDIX **A 파이썬의 비동기 지원에 대한 역사**

APPENDIX **B 보충 자료**

Asyncio 소개

내 사정도 너와 별다를 바 없지만, 단지, 흥미로운 점은 로봇이 관련되어 있다는 것이다.

— 벤더[Bender], 〈퓨처라마〉 에피소드 '30% Iron Chef'

파이썬 3의 Asyncio에 대해 이런 질문을 자주 받는다. "그게 뭔가요? 그걸로 뭘 할 수 있죠?" 가장 흔한 대답은 단일 프로그램에서 동시에 여러 개의 HTTP 요청을 병행[concurrent]하여 실행할 수 있다는 것이다. 하지만 그보다 훨씬 더 많은 변화가 있다. Asyncio는 단순히 기능을 추가하지 않고 프로그램 설계 방식을 변화시킨다.

이어지는 이야기에서 Asyncio를 이해하기 위한 단서를 얻을 수 있다. 결론부터 얘기하면 Asyncio의 목표는 대기를 필요로 하는 여러 개의 작업을 동시에 잘 수행하는 것이다. 즉, **이 작업**이 완료되길 기다리는 동안 **다른 작업**을 수행할 수 있도록 하는 것이다.

1.1 ThreadsBot 식당 이야기

2051년 여러분은 식당을 운영하고 있다고 가정해보자. 로봇 노동자가 많아지며 경제의 많은 부분에서 자동화가 이루어졌지만, 사람들은 여전히 과거처럼 외식을 즐기곤 한다. 여러분의 식당은 종업원이 모두 인간형 로봇이다. 현재 로봇 생산에서 가장 성공적인 업체는 Threading 이라는 회사로 이곳에서 생산한 로봇 노동자들은 'ThreadBot'이라고 불린다.

로봇과 관련된 사항을 제외하면, 여러분의 식당은 2020년대 가게들의 모양과 운영 방식이 비슷하다. 손님들은 과거 빈티지한 느낌을 기대하며 방문한다. 신선한 음식을 처음부터 요리하기를 원한다. 또한 식탁에 앉아 잠깐이더라도 음식이 나오는 시간을 기다리며 즐기길 원한다. 나갈 때 음식값을 지불하면서 오래된 습관에 따라 팁을 지불하길 원할 때도 있다.

로봇 식당 사업을 시작할 때 다른 식당 사장들과 똑같이 소규모로 로봇 노동자들을 고용한다. 입구의 프런트 데스크에서 GreetBot(손님을 맞이하는 로봇), WaitBot(홀 서빙을 하며 주문을 받는 로봇), ChefBot(요리를 하는 로봇), WineBot(바를 관리하는 로봇).

배고픈 손님들이 프런트 데스크에 도착하면 매장 입구 담당인 ThreadBot, 즉 GreetBot이 맞이한다. 식탁으로 안내받아 앉으면 WaitBot이 주문을 받는다. 주문을 받으면 WaitBot은 주문서를 식당으로 전달한다. 주문서로 주문을 받는 이유는 고객들에게 옛날 방식을 경험하도록 하기 위함이다. ChefBot은 주문서를 확인하고 음식을 준비한다. WaitBot은 주기적으로 음식이 준비되어있는지 확인한다. 준비가 되었으면 즉시 손님의 식탁에 전달한다. 손님들은 식당을 나설 때 다시 GreetBot과 마주하고, GreetBot은 계산서를 확인하고 비용을 받은 후, 행복한 저녁을 기원하며 상냥하게 손님들을 배웅한다.

여러분의 식당은 인기를 얻고 순식간에 많은 고객을 확보하게 된다. 여러분의 로봇 종업원들은 지시를 정확히 따르고, 지정된 업무를 완벽하게 수행한다. 모든 것이 정말 잘 돌아가고, 더할 나위 없이 행복하다.

하지만 시간이 흐르면서 몇 가지 문제점을 발견한다. 심각한 건 아니지만 사소한 몇 가지가 잘못됐다. 모든 로봇 식당 주인들이 비슷하게 사소한 결점으로 고민한다. 식당이 잘 될수록 이 문제들이 더 심각해질 것으로 보여 조금 걱정스럽다.

드물지만 때때로 매우 불안정한 돌발 상황이 발생한다. 가끔 ChefBot이 접시를 내려놓는 중에 WaitBot이 접시를 가져가려 하는 바람에 접시가 바닥에 떨어져 난장판이 된다. 물론 ChefBot이 치우기는 하지만 여러분은 이 비싼 로봇들이 좀 더 서로 잘 맞춰 일했으면 한다는 생각을 한다. 바에서도 비슷한 일이 일어난다. WineBot이 준비한 술잔을 바에 내려놓는 중간에 WaitBot이 잔을 가져가려 하고, 결국 잔을 깨뜨리고 와인을 쏟는다.

때로는 GreetBot이 새 손님들을 식탁으로 안내하고 있는 와중에 WaitBot은 안내하는 식탁이 아직 비어 있어 청소하려 한다. 손님들에게는 정말 어처구니없는 상황이다. WaitBot의 청소

로직에 대기 시간을 넣거나, GreetBot의 식탁 안내 로직에 대기 시간을 넣어 해결할 수도 있다. 하지만 별로 도움이 되지 않고, 발생 빈도가 약간 줄어들 뿐이다.

뭐, 이 문제들은 점차 흔히 벌어지는 문제로 전락할 것이다. 이제 식당은 매우 유명해져서 ThreadBot을 더 고용하게 되었다. 매우 바쁜 금요일과 토요일 저녁에는 GreetBot 1대와 WaitBot 2대를 추가해야 했다. 하지만 불행하게도 ThreadBot 계약 조건에 따라 주 단위로 고용해야 하며 손님이 적은 날에도 3대의 ThreadBot을 계속 운용해야 한다.

비용은 부담되고 추가된 ThreadBot들 때문에 관리 업무가 가중되었다. 기존에 4대를 관리하는 것은 큰 문제가 되지 않았지만, 이제 7대가 되었다. ThreadBot 7대를 계속 감시하는 건 아주 큰 일이다. 식당이 만약 더 유명해지면 7대 이상의 ThreadBot을 감시해야 한다. 각 ThreadBot이 무엇을 하는지 감시하는 것만으로도 전담 인력 1명을 배치해야 하는 수준이다. 다른 문제가 또 있다. ThreadBot을 추가하면서 식당에 공간이 더 필요하다. 로봇들이 식당 안에서 이리저리 움직이면서 손님들에게 식당이 비좁게 느껴진다. 만약 로봇을 추가해야 하는 상황이 되면 공간 문제가 더 심각해질 것이다. 식당의 공간은 손님이 사용하는 공간이지 ThreadBot이 사용하는 공간이 아니다.

ThreadBot을 추가한 후 충돌 문제는 더 심각해진다. 때때로 2대의 WaitBot이 동시에 하나의 식탁에서 같은 주문을 중복으로 받는다. 결국 중복된 주문이 식당에 들어가면 식당은 더 바빠지고, 음식이 나갈 때 충돌이 더 자주 일어난다. WaitBot을 더 추가하면 문제는 계속 심각해질 것이다.

시간이 흐르고… 어느 바쁜 금요일 밤, 여러분은 어떤 명백하고 특이한singular 순간을 맞이한다. 시간이 느려지고 정신은 맑아져 여러분은 식당이 시간의 흐름 속에 멈춰 있는 순간을 보게 된다. **ThreadBot들이 아무런 업무도 하지 않고 있다.** 명확히 말하면 아무것도 안 하는 것이 아니라 그냥 멈춰 있다.

WaitBot 3대는 각기 다른 테이블에서 손님들의 주문을 기다리고 있다. WineBot은 이미 17잔을 WaitBot이 가져가도록 준비해두고 새 주문을 기다리고 있다. GreetBot 1대는 새 손님을 맞이하며 자리가 날 때까지 잠시 기다리도록 안내한 뒤, 다른 안내할 손님을 기다리고 있다. 또 다른 GreetBot 1대는 식사를 마친 다른 고객의 신용카드 결제를 처리하는 과정에서 신용카드 결제기의 응답을 기다리고 있다. ChefBot은 35개의 음식을 요리하던 중에 하나의 음식이 완료되길 기다리고 있다. 음식이 완료되면 접시에 담아 WaitBot이 가져갈 수 있도록 할 것이다.

식당이 ThreadBot들로 가득하고 여러 가지 문제들이 있어도 더 고용할 생각이었다. 하지만 문득 현재 고용한 로봇들이 충분한 업무를 처리하고 있지 않음을 깨닫는다.

특이점은 지나갔으나 깨달음은 남아 있다. 일요일이 되자 여러분은 ThreadBot들에 데이터 수집 모듈을 추가한다. 각 ThreadBot은 얼마나 기다리고 실제로 얼마나 일하는지 측정한다. 한 주 동안 데이터를 수집하고 일요일 저녁에 결과를 분석한다. 결과를 보니 식당이 만석인 시간에 가장 많은 업무를 처리한 ThreadBot조차 98%의 시간을 대기하고 있었다. ThreadBot들은 매우 효율적이라 어떤 업무든 수 초 내에 수행하고 나머지 시간은 모두 대기하고 있었다.

기업가로서 이 비효율성은 여러분을 정말 괴롭게 한다. 다른 로봇 식당 주인들도 여러분과 마찬가지로 운영하고 있고 동일한 문제를 안고 있다. 하지만 그저 책상을 주먹으로 치며 '더 나은 방법이 있을 거야!'라고 생각만 한다.

다음 날 평온한 월요일, 여러분은 과감한 시도를 해보기로 한다. 1대의 ThreadBot이 모든 업무를 처리하도록 프로그램을 수정하는 것이다. ThreadBot이 1초라도 기다려야 하면 즉시 다른 업무로 넘어가도록 하는 것이다. 단 하나의 ThreadBot으로 다른 ThreadBot들의 업무를 모두 처리한다는 게 믿기 힘들지만 여러분은 정확하게 계산했다고 확신한다. 게다가 월요일은 평온한 날이다. 뭔가 잘못되어도 영향이 적을 것이다. 이 새로운 프로젝트의 로봇은 식당의 모든 업무를 반복하여 처리할 것이므로 'LoopBot'이라고 부르기로 한다.

프로그램 작성은 평소보다 어려웠다. 단순히 ThreadBot 1대가 모든 업무를 처리하도록 프로그램을 만드는 것이 아니라 업무 간 전환을 언제 할지에 대한 로직도 추가해야 했다. 하지만 현재 상황에 도달하기까지 ThreadBot의 프로그램을 수정하면서 얻은 많은 경험 덕분에 잘할 수 있었다.

여러분은 매의 눈으로 LoopBot을 주시한다. 몇 초 안에 여러 곳을 오가며 해야 할 일이 있는지 확인한다. 영업을 개시하고 얼마 되지 않아 첫 손님이 프런트 데스크에 등장한다. LoopBot이 즉시 나타나 손님에게 창가가 좋은지 바 옆이 좋은지 물어본다. 그런데 LoopBot은 손님의 대답을 기다리기 위해 대기를 하는 듯하더니 프로그램에 따라 다음 업무로 전환하기 위해 곧 사라진다. 끔찍한 오류처럼 보이지만, 손님이 "창문 근처로 부탁해요"라는 말을 시작하자 LoopBot은 바로 돌아왔다. 손님의 대답을 듣고 42번 테이블로 안내한다. 그리고 다시 사라진 후 음료수와 음식 주문, 테이블 청소, 도착한 손님을 계속 반복해서 확인한다.

월요일 늦은 저녁 여러분은 놀라운 성공에 자축한다. LoopBot의 데이터 수집 모듈을 확인하니, 하나의 ThreadBot이 7대가 수행할 일을 처리했지만 여전히 대기 시간은 약 97% 수준이었다. 이 결과에 따라 여러분은 확신을 가지고 일주일 중 남은 날 동안 실험을 계속하기로 한다.

바쁜 금요일이 다가오면서 여러분은 엄청나게 성공적이었던 실험 결과를 되새겨본다. 평범한 영업시간에는 하나의 LoopBot으로 쉽게 일을 처리할 수 있었다. 또 하나 괄목할 점이 있었다. 더는 충돌이 발생하지 않았다. 당연히 하나의 LoopBot만 있었으므로 자기 자신과 충돌을 일으킬 리 없었다. 주방에는 중복 주문이 들어가지 않았고, 접시나 잔을 잡을 때도 충돌이 발생하지 않았다.

금요일 저녁 영업이 시작된다. 여러분이 바라던 대로 하나의 ThreadBot이 모든 고객 업무를 대응했고, 예전보다 더 매끄럽게 업무를 처리한다. 여러분은 이제 더 많은 고객을 받을 수 있고, 더는 ThreadBot이 필요 없다고 생각하게 된다. 여러분은 절감된 비용을 떠올린다.

그런데 불행하게도 뭔가 잘못되기 시작한다. 주문된 요리 중 하나인 수플레의 복잡한 조리에 실패한다. 여러분의 식당에서 한 번도 일어나지 않았던 일이었다. LoopBot을 자세히 확인해보니 매우 수다스러운 손님이 원인이었다. 식당에 혼자 온 이 손님이 LoopBot과 계속 대화하려 한 것이다. 손으로 붙잡고 놔주지 않기도 했다. 이로 인해 LoopBot은 계속 늘어나는 업무 목록을 확인할 수 없었다. 수플레를 오븐에서 적절한 시간에 꺼낼 수 없었다.

금요일 영업이 끝나고 여러분은 집으로 돌아가 문제의 상황을 되돌아본다. LoopBot이 바쁜 금요일에 모든 일을 처리하기는 했지만 처음으로 조리에 실패했다. 한 번도 일어나지 않았던 일이었다. 수다스러운 손님이 WaitBot을 아무리 잡고 있어도 주방에 영향이 있던 적은 없었다.

모든 점을 고려해보고 하나의 LoopBot만 쓰는 것이 여전히 더 낫다고 결정한다. 우려되는 충돌이 더는 발생하지 않는다. 식당에 공간을 많이 확보하여 더 많은 손님을 받을 수 있다. 이때 여러분은 LoopBot에 대한 중요한 사실을 깨달을 수 있었다. 모든 업무가 작거나 짧은 시간 내에 끝낼 수 있어야 효과적이라는 점이다. 만약 어떤 업무로 인해 LoopBot이 긴 시간을 소비해야 한다면 다른 업무에 소홀해지기 시작한다.

어떤 업무에 얼마나 많은 시간이 필요할지 미리 알기는 어렵다. 손님이 특정 칵테일을 주문했는데 그 칵테일을 만들기 위해서는 복잡한 준비를 해야 하고 다른 칵테일에 비해 훨씬 많은 시간을 들여야 한다면 어떨까? 손님이 프런트에서 식사에 대한 컴플레인을 제기하면서 결제를 거부하고 LoopBot의 팔을 붙잡아 업무 전환을 막으면 어떨까? 여러분은 이런 문제들을 모두 예상하기보다 LoopBot을 계속 운영하여 가능한 많은 정보를 기록하고 문제가 발생하면 처리하는 것이 더 낫다고 결정한다.

시간은 더 흘러, 점차 다른 식당 주인들이 여러분의 운영 방식에 주목하게 된다. 결국 자신들도 하나의 ThreadBot만으로 번창할 수 있음을 깨닫는다. 소문이 더 퍼지고 모든 식당이 같은 방식으로 운영되게 된다. 결국 여러 대의 ThreadBot으로 운영하던 기계 로봇 식당은 사라진다.

1.2 에필로그

가상의 이야기 속 식당에서 일하는 로봇은 단일 스레드로 볼 수 있다. 또한 식당 업무가 requests.get()을 호출하여 서버의 응답을 기다리는 것과 같이 본질적으로 많은 기다림을 포함한다는 점이 중요하다.

보통 식당 직원의 업무 시간 중 대기 시간이 차지하는 비중은 크지 않다. 이는 기계에 비해 느린 인간이 수작업하기 때문이다. 하지만 매우 효율적이고 빠른 로봇이 작업하면 작업 시간 중 대부분이 대기 시간이다. 컴퓨터 프로그래밍 분야에서 네트워크 프로그래밍을 포함하는 경우도 마찬가지이다. 즉, CPU는 작업을 처리한 후 네트워크 I/O$^{input/output}$의 완료를 기다린다. 최신 컴퓨터는 CPU가 더 빨라져서 네트워크 작업보다 10만 배 이상 빠르다. 결국 네트워킹을 포함하는 프로그램을 실행해보면 CPU 동작 시간 중 엄청나게 많은 부분을 대기 시간이 차지한다.

이 이야기를 통해 필요에 따라 CPU를 작업들 중 하나에 명시적으로 할당하도록 프로그램을 작성할 수도 있다는 점을 깨달을 수 있다. 다중 CPU$^{multi-CPU}$를 통한 스레딩보다 경제적이고 효율적으로(동일 작업에 대해 더 적은 CPU 사용) 경합 조건을 제거한다는 점이 큰 장점이다.

물론 장점만 있는 것은 아니다. 이야기에서 볼 수 있듯이 대부분의 기술에는 장점과 단점이 있다. LoopBot 도입을 통해 특정한 종류의 문제를 해결했으나 새로운 문제가 발생했다. 한 가지 꼽아본다면, 식당 주인이 약간 다른 프로그래밍 방법론을 배워야 한다는 점이 있다.

1.3 Asyncio로 해결할 수 있는 것은?

I/O 위주 작업에 스레드 기반 병행 처리보다 비동기^{asynchronous} 기반 병행 처리를 적용해야 하는 두 가지 이유가 있다.

- Asyncio는 스레드를 사용하는 선점형 멀티태스킹보다 안전한 대안이 될 수 있다. 단순하지 않은 스레드 기반 애플리케이션에서 때때로 발생하는 오류, 경합 조건, 혹은 비결정론적 위험 요소^{nondeterministic danger}가 발생하지 않는다.
- Asyncio를 통해 **동시에** 수천 개의 소켓 연결을 간단히 처리할 수 있다. 또한 웹소켓^{WebSocket}이나 사물인터넷^{internet of things}(IoT)을 위한 MQTT^{Message Queuing Telemetry Transport} 같은 신기술에서 지원하는 수명이 긴 연결도 처리할 수 있다.

바로 이것이다.

프로그래밍 모델 관점에서 보면, 스레딩의 여러 CPU와 공유 메모리(스레드 간 효율적 통신의 수단)를 사용하는 방식이 계산 위주 작업을 가장 잘 수행할 수 있어 계산 위주 작업이 많은 분야에 가장 적합하다. 하지만 다른 문제들을 발생시킬 수도 있어 필요악이다.

네트워크 프로그래밍은 스레딩을 필요로 하는 영역은 **아니다**. 네트워크 프로그래밍의 중요한 특징은 '어떤 일들이 일어나기를 기다림'이라는 많은 작업들로 구성되어 있다는 점이다. 따라서 여러 CPU에 작업들을 효율적으로 분배하기 위한 운영체제와의 연계 작업이 필요 없다. 또한 공유 메모리 접근 시 발생할 수 있는 경합 조건과 같은 리스크를 불러오는 선점형 멀티태스킹도 필요 없다.

하지만 이벤트 기반 프로그래밍 모델의 장점에 대한 **잘못된 정보**가 만연하다. 아래에서 몇 가지를 바로잡겠다.

Asyncio로 코드가 엄청나게 빨라진다

불행히도, 아니다. 사실 대부분의 벤치마크에서 스레딩 방식이 비동기 방식보다 약간 더 빠르다는 것을 확인할 수 있다. 물론 병행성의 규모를 지표로 삼는다면 Asyncio를 통해 병행 소켓 연결을 더 쉽고 훨씬 많이 **만들 수는 있다**. 보통 운영체제에는 만들 수 있는 스레드 개수가 제한되어 있고, 제한 수치는 만들 수 있는 소켓 연결 개수의 제한보다 현저히 적다. 물론 스레드 개수에 대한 제한을 변경할 수도 있지만 Asyncio를 쓰는 편이 훨씬 더 쉽다. 게다가 수천 개의 스레드를 사용하면 필연적으로 추가적인 **콘텍스트 전환**^{context-switching}이 발생할 수밖에 없다. 이는 코루틴coroutine에서는 반드시 피해야 하는 부분이다. 하지만 이로 인한 성능 저하를 실제로 벤치마크하기는 어렵다.[1] 처음에 말했듯이 속도는 Asyncio로 얻을 수 있는 장점이 아니다. 속도가 중요하다면 **사이썬**Cython을 써보라!

Asyncio를 쓰면 스레딩은 필요 없다

결코 아니다. 스레딩의 진정한 가치는 여러 계산 작업들 간에 메모리를 공유할 수 있는 다중 CPU 프로그램을 작성할 수 있다는 점에 있다. 예를 들어 수치 라이브러리 numpy는 모든 메모리를 공유하면서 여러 CPU를 사용하여 행렬 연산computation을 가속한다. 온전히 성능만을 고려한다면 CPU 위주의 연산에서 스레딩과 경쟁할 만한 프로그래밍 모델은 없다.

Asyncio를 통해 GIL로 인한 문제를 제거한다

역시, 아니다. Asyncio가 **전역 인터프리터 락**global interpreter lock (GIL)[2]의 **영향을 받지 않는** 것은 사실이지만, 이는 GIL이 멀티스레드 프로그램에만 영향을 미치기 때문이다. 사람들이 말하는 GIL로 인한 '문제'의 원인은 스레드를 사용할 때 진정한 멀티코어 병렬화를 막는 것이다. Asyncio는 단일 스레드(명목상 그렇다)이기 때문에 GIL의 영향을 받지 않고 여러 CPU 코어의 장점도 얻을 수 없다.[3] 위 문제 외에도 멀티스레드 프로그램에서 파이썬 GIL은 다른 성능 문제들을 일으킬 수 있다. 데이비드 비즐리David Beazley는 'PyCon 2010'에서 'Understanding the Python GIL(파이썬 GIL의 이해)'[4]라는 강연을 발표했는데 강연에서 언급되었던 문제들 중 다수가 여전히 남아 있다.

Asyncio는 모든 경합 조건을 방지한다

아니다. 경합 조건은 스레딩 또는 이벤트 기반 프로그래밍의 사용 여부에 관계없이 항상 병행

---

1 이 분야 연구는 찾기 어렵지만. 최근 하드웨어에서 돌아가는 리눅스에서 스레드 콘텍스트 전환당 50마이크로초 정도 걸리는 것으로 보인다. 대략적으로 계산해보면 1,000개의 스레드라면 콘텍스트 전환에만 50밀리초의 비용을 필요로 한다. 늘어나긴 했지만 애플리케이션에 지장을 줄 수준은 아니다.

2 GIL은 각 명령 코드(opcode)의 수행을 락(lock)으로 처리하여 파이썬 인터프리터 코드를 thread-safe 상태로 보호한다. 그런데 이로 인해 인터프리터를 하나의 CPU에서만 실행하도록 강제하는 불행한 부작용이 발생하고, 멀티코어 병렬화(multicore parallelism)를 할 수 없다.

3 이것은 자바스크립트에서 GIL '문제'가 없는 이유와 유사하다. 즉, 스레드가 하나뿐이다.

4 https://oreil.ly/n_D3N

프로그래밍에서 발생할 수 있다. Asyncio가 프로세스 간intra-process 공유 메모리 접근과 같은 멀티스레드 프로그램에서 일반적으로 발생하는 특정 **범주**의 경합 조건을 실제 제거할 수 있다는 것은 사실이다. 하지만 분산 마이크로서비스 구조에서 일반적으로 발생하는 공유 자원에 대한 프로세스 내부interprocess의 경합과 같은 다른 종류의 경합 조건을 방지하지는 못한다. 여전히 공유 자원을 어떻게 쓰는지 주의를 기울여야 한다. Asyncio가 스레드보다 나은 점은 실행 제어control of execution가 코루틴 간에 전이transfer되는 부분을 **확인할 수 있다**는 것이다(await 명령어의 존재를 통해 확인할 수 있다). 또한 그로 인해 공유 자원들이 어떻게 접근되고 있는지 훨씬 쉽게 확인할 수 있다.

Asyncio로 병행 프로그래밍을 쉽게 할 수 있다

흠, 어디서부터 시작해야 할까?

마지막 정보가 가장 위험하다. 병행성을 다루는 작업은 스레딩을 쓰든 Asyncio를 쓰든 **언제나** 복잡하다. 전문가들이 'Asyncio로 병행성을 더 쉽게 구현할 수 있다'고 말할 때 실제 의미하는 바는 Asyncio를 사용하면 악몽 같은 특정 종류의 경합 조건을 피할 수 있기에 조금 더 편하다는 것이다. 여러분을 사무실에서 밤새우게 만들거나 다른 프로그래머들에게 악몽 같은 경험담을 늘어놓게 하는 오류를 덜 발생시킨다는 점이다.

Asyncio를 쓰더라도 여전히 높은 복잡도를 다뤄야 한다. 애플리케이션에서 어떻게 상태 점검을 지원할 것인가? 네트워크 연결 수를 5천 개보다 훨씬 적은 수로 제한하는 데이터베이스와 어떻게 통신할 것인가? 프로그램 종료 시 네트워크 연결을 부드럽게 끊을 방법은 무엇인가? 어떻게 디스크 접근이나 로깅을 처리할 것인가(즉, 블로킹을 어떻게 다룰 것인가)? 이런 문제들을 포함한 복잡한 설계 문제가 많다.

애플리케이션 설계는 여전히 어렵겠지만 다뤄야 할 스레드가 하나뿐이므로 애플리케이션 로직에 대한 고민이 좀 더 쉬워지기를 기대할 수는 있다.

## CHAPTER 2

스레드에 관한 진실

솔직해지자. 여러분은 Curio를 쓰고 싶지 않을 것이다. 차이가 전혀 없다면 분명 스레드로 프로그래밍할 것이다. 그렇다. 바로 그 스레드 말이다. 농담이 아니다. 난 진지하다.

– 데이비드 비즐리, 'Developing with Curio(Curio로 개발하기)'[1]

스레드에 대해 들어본 적이 없을 수 있으니 간단히 설명을 하겠다. 스레드는 OS에서 제공되는 기능으로 소프트웨어 개발자가 OS에 프로그램의 일부를 병렬parallel로 실행하겠다고 알리는 기능이다. OS는 해당 프로그램의 일부에 CPU 자원을 얼마나 할당할지를 결정하고, 이때 OS에서 실행 중인 다른 프로그램들에 할당한 CPU 자원도 고려하여 결정한다.

여러분은 Asyncio 책을 읽고 있으니 스레드를 설명하는 부분에서 '스레드는 끔찍하므로 절대 써서는 안 된다'고 생각을 할 수도 있지만, 세상 돌아가는 일이 그리 간단하지 않다. 다른 기술적 선택들과 동일하게 스레드를 사용할 때의 장단점을 따져보고 결정해야 한다.

이 책이 스레드 내용을 다루는 책은 전혀 아니지만, 다음 두 관점을 보고 조금 더 생각해보자. 첫째, Asyncio는 스레딩의 대체재로 제안되었기 때문에 비교를 해봐야 기술적 우위를 판단할 수 있다. 둘째, Asyncio를 익힌다 하더라도 여전히 스레드와 프로세스를 써야 할 가능성이 크므로 스레딩에 대해 알아야 한다.

---

1 https://oreil.ly/IIV2e

2.1 스레딩의 장점

스레딩의 주요 장점은 다음과 같다.

읽기 쉬운 코드

코드를 동시에 실행할 수 있지만, 매우 단순하고 하향식$^{top-down}$이며, 선형으로 명령어를 나열하여 작성할 수 있다. 특히, 함수 내에서 다른 코드 혹은 함수의 동시 실행에 대해 고려할 필요가 없다.[2]

공유 메모리를 통한 병렬처리

스레드 간 공유 메모리를 통해 통신하면서 코드에서 여러 CPU를 이용할 수 있다. 이는 매우 중요하다. 예를 들어 공유 메모리를 사용하지 않고 프로세스별 메모리 영역 복제를 통해 여러 프로세스 간에 대량의 데이터를 상호 전달할 경우 상당히 많은 CPU 및 메모리 전송 자원을 필요로 하기 때문이다.

노하우 및 기존 코드 활용

스레드를 사용하는 애플리케이션 작성에 대한 지식과 모범 사례는 많이 있다. 또한 병행 동작 처리를 위해 멀티스레드에 기반하여 블로킹하는 코드도 많이 있다.[3]

---

2 옮긴이_ 스레드의 실행 영역에서는 공유 메모리를 처리할 때를 제외하면 스레드 내에서의 로직 처리만 필요하여 멀티스레드에 대한 처리가 필요 없다.

3 옮긴이_ 비동기에 기반한 논블로킹(non-blocking) 방식과 달리 멀티스레드에 기반하는 경우 메인 스레드에서 백그라운드 스레드들에 작업 실행을 요청하고 메인 스레드는 블로킹하는 형태로 로직을 구성한다.

위 장점 중 **파이썬**의 병렬성에 대해서는 의구심이 든다. 파이썬 인터프리터는 인터프리터 자체의 내부 상태를 보호하기 위해 **GIL**이라는 전역 락을 사용하고 있다. 전역 락을 통해 여러 스레드들 간의 경합 조건을 방지하여 잠재적인 문제를 막고 내부 상태를 보호하는 방식이다. 그런데 이로 인해 병렬성이 제한되고 있다. 락이 프로그램상의 모든 스레드를 단 하나의 CPU에서만 처리하기 때문이다. 예상할 수 있는 것처럼 병렬성을 통한 성능상의 이점이 모두 사라졌다 (물론, 사이썬이나 Numba 등의 도구를 사용하는 경우에는 GIL의 제약을 회피할 수 있다).

하지만, 첫 번째 장점으로 꼽은 단순성은 의미가 있다. 파이썬에서 스레딩은 확실히 간편하게 **느껴진다**. 게다가 엄청나게 복잡한 경합 조건 오류 때문에 큰 문제를 경험해본 적이 없다면 병행성 모델concurrency model을 더 매력적으로 느낄 수 있다. 물론 과거에 큰 문제를 겪었어도 스레딩은 여전히 매력적인 선택지로 볼 수 있다. 어렵더라도 코드를 단순하고 안전하게 작성할 방법을 이미 숙지하고 있기 때문이다.

이 책에 더 안전한 스레드 프로그래밍을 할애할 공간이 충분하지는 않지만 간단하게 언급하면, 스레드 관련 대표적 모범 사례는 concurrent.futures 모듈의 ThreadPoolExecutor 클래스를 쓰는 것이다. [예제 2-1]에서 기본적 용례를 확인할 수 있다.

예제 2-1 스레딩 모범 사례

```
from concurrent.futures import ThreadPoolExecutor as Executor

def worker(data):
    <process the data>
with Executor(max_workers=10) as exe:
    future = exe.submit(worker, data)
```

ThreadPoolExecutor는 스레드에서 실행할 함수의 인터페이스를 엄청나게 단순한 형태로 제공한다. 이 인터페이스의 가장 큰 장점은 스레드 대신 하위 프로세스subprocess를 사용해야 할 경우, 흡사한 함수들을 가지고 있어 코드 수정이 거의 필요 없는 ProcessPoolExecutor로 바꾸기만 하면 된다는 점이다. 이 executor API는 asyncio에서도 사용한다. 3장에서 다시 설명하도록 하겠다([예제 3-3]에서 확인할 수 있다).

일반적으로 스레드 프로그래밍을 할 때 스레드를 통해 수행할 작업이 다소 짧은 시간 내에서 완료될 수 있는 쪽을 선호한다. 수행할 작업이 짧은 시간 내에 끝날 수 있는 경우에만 프로그램의 종료를 Executor.shutdown(wait=True)으로 호출하고, 1~2초만 기다리면 되기 때문
이다. 유의해야 할 중요한 점은 가능하면 스레드 내에서 실행될 코드에서 전역 변수를 읽거나
쓰지 않도록 해야 한다는 것이다(스레드 내에서 실행될 코드란 [예제 2-1]에서 worker() 함
수에 해당한다).

> **TIP** 레이먼드 헤팅저Raymond Hettinger는 'PyCon Russia 2016'[4] 및 'PyBay 2017'[5]에서 더 안전한 스레드 사용 코드
> 에 대한 몇 가지 위대한 가이드라인을 제시했다. 이 영상들을 시청하길 강력히 권유한다.

2.2 스레딩의 단점

> 복잡한 멀티스레드 프로그램은 사람이 이해하기 어렵다. 프로그래밍 모델은 디자인 패턴
> 이나, 원자성atomicity[6]의 더 나은 세분화granularity[7] (예를 들어 트랜잭션), 최신 언어, 형식을
> 갖춘 메서드 등을 사용하여 개선할 수 있다. 하지만 이러한 기술들은 스레딩 모델의 무자
> 비한 비결정성non-determinism 앞에서 빛을 잃는다. 스레딩 모델은 본질적인 난해함을 가지
> 고 있다.
>
>   – 에드워드 리Edward A. Lee, 「The Problem with Threads (스레드의 문제점)」[8]

이미 스레딩의 단점을 언급했지만, 다음과 같이 다시 정리하여 완벽을 기해보자.

스레딩은 어렵다

스레드 프로그램에서 발생하는 스레드 관련 오류나 경합 조건은 **가장 고치기 어렵다**. 경험한 바에
의하면 이런 종류의 문제가 덜 발생하도록 새로운 프로그램을 작성하는 건 그나마 가능하다. 하

---

4 https://oreil.ly/ZZVps
5 https://oreil.ly/JDplJ
6 옮긴이_ 원자성은 하나의 연산이 모두 정상적으로 실행되거나 실행되지 않아야 한다는 것을 의미한다.
7 옮긴이_ 원자성의 더 나은 세분화는 비즈니스 프로세스를 분할하여 여러 개의 모듈 혹은 트랜잭션으로 세분화함으로써 비즈니스 프로세
   스 전체의 원자성이 아닌 각각의 모듈 혹은 트랜잭션의 원자성을 보장하고 대신 fallback 혹은 failover 등과 같은 수단으로 도입하여 신
   뢰성뿐만 아니라 성능과 유연성을 확보한다는 의미이다.
8 http://bit.ly/2CFOv8a

지만 복잡한 요구 사항으로 멍청하게 설계된 프로그램의 경우 어떤 전문가도 수정할 수 없다.

스레드는 자원 소모적이다

스레드는 더 많은 OS 자원을 사용한다. 예를 들어 사전 할당preallocate되는 스레드별 스택 공간
stack space의 경우 프로세스의 가상 메모리 공간을 선점적으로 소모한다. 32비트 OS에서는 프로
세스별 주소 공간address space이 3기가바이트로 제한되기 때문에 문제가 될 수 있다.[9] 최근에는
64비트 OS가 범용적으로 사용되고 있어 예전에 비해 가상 메모리 공간이 충분하다(64비트
OS에서는 가상 메모리에 대해 주소 할당 가능한 범위addressable space가 48비트로 이는 256테비
바이트(TiB)에 해당한다). 최신 데스크톱 OS는 스레드별 스택 공간을 할당할 물리 메모리를
실제 사용하기 전까지 할당하지 않는다. 예를 들어 최신 64비트 페도라Fedora 29 리눅스를 설치
하고 8기가바이트 메모리를 사용할 수 있는 시스템에서 다음 코드를 통해 아무것도 하지 않는
10,000개의 스레드를 생성해보자.

```python
# threadmem.py
import os
from time import sleep
from threading import Thread
threads = [
  Thread(target=lambda: sleep(60)) for i in range(10000)
]
[t.start() for t in threads]
print(f'PID = {os.getpid()}')
[t.join() for t in threads]
```

이 코드를 실행한 후, top 명령어를 실행하면 다음과 같은 정보를 확인할 수 있다.

```
MiB Mem : 7858.199 total, 1063.844 free, 4900.477 used
MiB Swap: 7935.996 total, 4780.934 free, 3155.062 used

  PID USER      PR  NI    VIRT    RES    SHR COMMAND
15166 caleb     20   0 80.291g 131.1m   4.8m python3
```

---

9 32비트 프로세스 주소 공간의 이론적 한계는 4기가바이트지만, 보통 OS가 일부를 사용해야 한다. 그래서 사용 가능한 가상 메모리는 3
기가바이트인 경우가 많고, 심한 경우 2기가바이트인 경우도 있다. 지금 언급하는 수치들은 절대적인 수치가 아니라 일반적인 참고 수치
다. 플랫폼에 한정되고 컴퓨터 과학의 역사상 민감한 내용이라 여기서 다루지는 않겠다.

사전 할당된 가상 메모리는 80기가바이트에 달하지만(스레드별로 8메가바이트의 스택 공간이 필요하다), 상주 메모리^{resident memory}는 고작 130메가바이트 수준이다. 32비트 리눅스 시스템에서는 물리 메모리를 실제 사용하지 않는다는 사실과 **상관없이** 사용자 공간^{user space}의 주소 공간에 대한 제한이 3기가바이트이기 때문에 10,000개를 생성할 수 없다. 32비트 OS에서 이 문제를 우회하기 위해서는 사전 구성된 스택 크기를 줄여야 한다. 최근의 파이썬에서도 `threading.stack_size([size])`로 가능하다. 스택 크기는 호출을 중첩으로 수행할 수 있는 한계 혹은 재귀 호출을 할 수 있는 한계와 직접적 연관이 있기 때문에 분명히 실행 안정성^{runtime safety}에 긍정적 영향을 줄 수 있다. 하지만 단일 스레드 코루틴 모델은 이런 문제가 전혀 없어 병행 I/O를 처리하기에 완벽한 대안이다.

스레딩은 처리량에 영향을 줄 수 있다

매우 높은 병행 수준(스레드 5,000개 이상)에서는 콘텍스트 전환[10] 비용으로 인해 처리량^{throughput}에 영향이 있을 수 있다. 물론 처리량에 영향이 갈 정도의 스레드를 생성하기 위해서는 OS의 구성을 변경해야 한다. 아무것도 하지 않는 앞 예제로 10,000개의 스레드를 생성해봐야 최근 macOS에서는 큰 문제가 아니다. 따라서 스레드 생성 제한을 늘려야 하지만 필자가 굳이 실험해보진 않았다.

스레딩은 유연하지 않다

OS는 어떤 스레드가 작업을 수행할 준비가 되었는지와는 관계없이 모든 스레드가 CPU 시간을 지속적으로 공유한다. 예를 들어 어떤 스레드는 소켓으로 데이터가 도달하길 기다리고 있을 수 있다. 하지만 OS 스케줄러는 데이터가 도달하여 해당 스레드의 실행 재개가 필요하기 전까지 수천 번에 걸쳐 콘텍스트 전환을 의미 없이 수행할 것이다(비동기 방식의 경우 `select()` 시스템 함수를 호출하여 소켓에 대해 대기 중인 코루틴의 실행 재개가 필요한지 확인할 수 있고, 필요하지 않은 경우 코루틴의 실행을 재개하지 않으므로, 콘텍스트 전환 비용을 완전히 절감할 수 있다).

---

10 https://oreil.ly/eFQKQ

이 정보들은 어느 것도 새롭지 않으며, 프로그래밍 모델로서의 스레딩의 문제점들은 특정 플랫폼에 따라 다르지 않다. 예를 들어 Microsoft Visual C++ 문서[11]에서는 스레딩에 대해 다음과 같이 언급한다.

> 윈도우 API에서 중심이 되는 병행 구조concurrency mechanism는 스레드이다. 보통 CreateThread 함수를 사용하여 스레드를 생성한다. 이렇게 스레드를 생성하고 사용하기가 비교적 간단한 편이다. 하지만 OS에서 스레드를 관리하기 위해 상당히 많은 CPU 시간과 자원을 사용한다. 따라서 동일한 우선순위로 설정된 스레드들의 경우 각각의 스레드에 동일한 CPU 시간을 할당한다. 하지만 동일한 시간을 할당해도 스레드를 관리하는 데 필요한 추가 비용이 너무 크다. 합당한 수준의 작업을 할당하지 않으면 비효율적이다. 즉, 세분화된 작업일수록 추가 비용이 장점을 능가할 가능성이 높다.

하지만 이건 **윈도우** 시스템 때문일까? 유닉스 시스템이라면 확실히 이런 문제가 없을까? 맥 개발자 라이브러리Mac Developer Library의 'Threading Programming Guide(스레딩 프로그래밍 가이드)'[12]에 나온 비슷한 권장사항이 있다.

> 스레딩은 메모리 사용과 성능 면에서 여러분의 프로그램(그리고 시스템)에 큰 부담이 된다. 각 스레드는 커널 메모리 공간과 프로그램 메모리 공간 모두에서 메모리 할당이 필요하다. 스레드를 관리하고 스케줄링을 담당할 핵심 로직은 OS의 커널 메모리에서 저장된 상태로 상주 메모리를 사용한다. 그리고 스레드의 스택 공간과 스레드별 데이터는 프로그램 메모리 공간에 저장된다. 스레드 생성 시 이러한 구조 대부분을 생성하고 초기화한다. 이 과정에서 OS의 커널과 상호작용이 필요하므로 비교적 높은 비용이 든다.

애플은 'Concurrency Programming Guide(동시성 프로그래밍 가이드)'[13] 문서에서 이를 더 강조한다(볼드 처리는 필자가 넣었다).

> 과거에 애플리케이션에 병행성을 도입하기 위해서는 하나 이상의 추가 스레드 생성이 필요했다. 하지만 스레드를 사용하는 코드는 작성하기 어렵다. 스레드는 직접 관리해야 하

---

11 http://bit.ly/2Fr3eXK
12 https://oreil.ly/W3mBM
13 https://oreil.ly/fcGNL

는 저수준low-level 도구다. 애플리케이션에 적합한 스레드 개수는 시스템의 상태나 하드웨어에 따라 동적으로 변화할 수 있기 때문에, 적합한 스레딩 솔루션을 구현하는 일은 불가능한 것은 아니지만 **대단히 어렵다**. 게다가 보통 스레드 간의 동기화는 성능 향상에 대한 아무런 보장도 없이 소프트웨어 설계에 복잡도와 위험을 증가시키기만 한다.

이런 주제들이 전체적으로 반복된다.

- 스레딩은 코드를 이해하기 어렵게 만든다.
- 스레딩은 대규모 병행성(수천 개 이상의 동시 작업 수준)에 대해 비효율적인 모델이다.

다음으로 가장 우선적이고 중요한 포인트가 담긴 스레드 관련 사례 연구를 살펴보겠다.

2.3 사례 연구: 로봇과 식기

두 번째로 더 중요한 점은 표준 멀티스레드 모델이 존재할 수 있다는 것을 우리는 믿지 않았고 지금도 믿지 않는다는 것이다. 여기서 표준 멀티스레드 모델이란 공유 메모리를 사용하는 선점형 병행 모델preemptive concurrency을 일컫는다. 'a = a + 1'조차 비결정론적인 언어로는 정확한 프로그램을 작성할 수가 없다고 우리는 여전히 생각한다.

– 호베르투 이에루잘림스시Roerto Ierusalimschy 외 2명,
「The Evolution of Lua (루아의 진화)」[14]

필자는 책의 1장에서 모든 일을 ThreadBot로 운영하는 식당 이야기를 했다. 그 이야기에서 각 일꾼 로봇은 스레드를 의미했다. [예제 2-2] 사례 연구에서 스레딩을 안전하지 않다고 판단하는 **이유**를 살펴보자.

---

14 http://bit.ly/2Fq9M8P

```python
import threading
from queue import Queue

class ThreadBot(threading.Thread):    #①
  def __init__(self):
    super().__init__(target=self.manage_table)    #②
    self.cutlery = Cutlery(knives=0, forks=0)    #③
    self.tasks = Queue()    #④

  def manage_table(self):
    while True:    #⑤
      task = self.tasks.get()
      if task == 'prepare table':
        kitchen.give(to=self.cutlery, knives=4, forks=4)    #⑥
      elif task == 'clear table':
        self.cutlery.give(to=kitchen, knives=4, forks=4)
      elif task == 'shutdown':
        return
```

① ThreadBot은 스레드의 하위 클래스이다.

② 스레드의 타깃 함수는 manage_table() 메서드로 파일 뒷부분에서 정의한다.

③ 이 봇은 식탁에서 대기하면서 몇 가지 식기cutlery를 담당한다. 각 봇은 주방에서 식기를 얻은 후부터 식기를 추적한다.

④ 봇은 몇 가지 작업을 할당받는다. 할당된 작업은 봇의 작업 대기열queue에 추가되고 봇은 주 처리 루프main processing loop를 통해 작업을 수행한다.

⑤ 봇의 주요 업무는 무한 루프다. 봇을 멈추고 싶다면 shutdown 작업을 전달해야 한다.

⑥ 봇에는 세 가지 작업만 정의되어 있다. 이것은 prepare table 작업으로 서비스 가능한 새 식탁을 할당받기 위해 해야 하는 작업이다. 테스트를 위해 유일한 필요 사항은 주방에서 식기를 받아 식탁에 놓는 것이다. clear table 작업은 식탁을 치워야 할 때 수행하는 작업이다. 그 과정에서 봇은 사용한 식기를 주방에 반납해야 한다. shutdown 작업은 봇을 즉시 종료시키는 작업이다.

[예제 2-3]에서 식기 객체 정의를 확인할 수 있다.

예제 2-3 식기 객체의 정의

```
from attr import attrs, attrib

@attrs    #①
class Cutlery:
    knives = attrib(default=0)    #②
    forks = attrib(default=0)

    def give(self, to: 'Cutlery', knives=0, forks=0):    #③
        self.change(-knives, -forks)
        to.change(knives, forks)

    def change(self, knives, forks):    #④
            self.knives += knives
            self.forks += forks

kitchen = Cutlery(knives=100, forks=100)    #⑤
bots = [ThreadBot() for i in range(10)]    #⑥

import sys
for bot in bots:
    for i in range(int(sys.argv[1])):    #⑦
        bot.tasks.put('prepare table')
        bot.tasks.put('clear table')
    bot.tasks.put('shutdown')    #⑧

print('Kitchen inventory before service:', kitchen)
for bot in bots:
    bot.start()

for bot in bots:
    bot.join()
print('Kitchen inventory after service:', kitchen)
```

① attrs은 스레드나 asyncio와 상관없는 오픈 소스 파이썬 라이브러리로 클래스를 쉽게 생성할 수 있다. @attrs 데커레이터decorator를 통해 Cutlery 클래스에 일반적인 상용구 코드boilerplate code(예를 들면 __init__() 같은 것을 의미)를 자동으로 포함시킬 수 있다.

② attrib() 함수로 속성 생성 및 기본값 지정을 쉽게 처리할 수 있다. 보통 기본값 지정은 __init__() 메서드에서 키워드 인수keyword argument로 처리했을 것이다.

③ 이 메서드는 칼과 포크를 어떤 Cutlery 객체에서 다른 Cutlery 객체로 옮길 때 사용한다. 보통 새 식탁을 준비하기 위해 봇이 주방에서 식기를 얻을 때 사용될 것이다. 또한 식탁을 정리한 후 주방에 반납할 때도 사용될 것이다.

④ 객체 인스턴스의 인벤토리 데이터를 변경하기 위한 매우 간단한 유틸리티 함수이다.

⑤ kitchen을 주방 내의 식기 목록에 대한 변수로 정의했다. 각 봇은 이 변수에서 식기를 획득한다. 식탁을 정리한 후에는 이 변수에 식기를 반납한다.

⑥ 이 스크립트는 테스트할 때 실행된다. 테스트 시 10개의 ThreadBot을 사용할 것이다.

⑦ 식탁 개수는 명령줄command-line 매개변수로 입력받는다. 전체 식탁을 준비하고 정리하는 작업을 각 봇에게 나눠 할당한다.

⑧ shutdown 작업을 할당하여 봇들을 정지시킨다(즉, 아래 줄에 있는 bot.join()이 대기를 종료하고 반환한다). 이후 나머지 스크립트에서 진단 메시지를 출력하고 봇들을 시작시킨다.

코드 테스트 전략은 기본적으로 여러 ThreadBot에게 일련의 식탁 서비스 수행시키는 것이다. 각 ThreadBot은 다음과 같은 작업을 해야 한다.

- '4인용 식탁' 준비: 식탁에 네 쌍의 칼과 포크를 준비하기 위해 가져와야 한다는 뜻
- 식탁 정리: 식탁에서 네 쌍의 칼과 포크를 주방으로 반납하는 것을 의미

여러 식탁에 대한 작업을 여러 ThreadBot을 통해 지정한 횟수만큼 실행하면 모든 작업이 완료되고 모든 식기는 부엌에 반납되기를 기대한다.

테스트 시나리오로 100개의 식탁을 여러 ThreadBot로 동시에 준비하고 정리하는 것으로 설정하고, 모든 작업이 적절히 수행되고 아무런 문제도 발생하지 않았음을 확인할 수 있을 것이다. 다음은 테스트 코드를 실행했을 때의 출력이다.

```
$ python cutlery_test.py 100
Kitchen inventory before service: Cutlery(knives=100, forks=100)
Kitchen inventory after service: Cutlery(knives=100, forks=100)
```

모든 칼과 포크를 주방에 반납했다! 이제 좋은 코드였다며 자축하고 봇을 배치한다. 하지만 불행히도 **실제로는** 식당 종료 시 모든 식기가 **반납되지 않음**을 알게 된다. 봇을 더 추가하거나 혹은 식당이 바빠지면 문제가 더 심각해진다. 혼란스러운 상태로 테스트를 다시 해보기로 하고 식탁의 개수만 바꿔보자(식탁 10,000개!).

```
$ python cutlery_test.py 10000
Kitchen inventory before service: Cutlery(knives=100, forks=100)
Kitchen inventory after service: Cutlery(knives=96, forks=108)
```

정말 문제가 있음을 깨닫는다. 식탁 10,000개로 테스트한 결과 주방에 반납된 식기의 개수가 잘못되었다. 재현해본 결과 오류가 계속 발생한다.

```
$ python cutlery_test.py 10000
Kitchen inventory before service: Cutlery(knives=100, forks=100)
Kitchen inventory after service: Cutlery(knives=112, forks=96)
```

여전히 오류가 있지만 직전의 테스트 결과와 **수치가 다르다**. 놀라는 것인가! 봇은 완벽하게 만들어졌고 절대 실수가 있을 리 없다. 무엇이 잘못된 것일까?

상황을 요약해보자.

- 여러분의 ThreadBot 코드는 매우 간단하고 읽기 쉽다. 로직도 괜찮다.
- 작은 테스트(식탁 100개)에서는 성공하고, 결과가 재현된다.
- 더 긴 테스트(식탁 10,000개)에서는 실패하고, 재실행해도 계속 실패한다.
- 더 긴 테스트는 **재현되지 않는 서로 다른 결과**를 보이며 실패한다.

이는 경합 조건 오류의 전형적인 징후들이다. 경험해봤다면 원인을 눈치챘을 것이다. 문제를 분석해보자. **Cutlery** 클래스 내의 이 메서드로 귀결된다.

```
def change(self, knives, forks):
    self.knives += knives
    self.forks += forks
```

인라인 합산인 +=는 내부적으로 몇 가지 단계로 구현되어 있다(이 코드는 파이썬 인터프리터 내부의 C 코드다).

1 self.knives에서 현재 값을 읽어 들여 임시 저장소에 저장한다.

2 knives의 값을 임시 저장소 내의 값에 합산한다.

3 임시 저장소 내의 값을 복제하여 원래의 저장소인 self.knives에 저장한다.

선점형 멀티태스킹의 문제는 이런 단계를 실행 중인 스레드가 **언제든** 중단된interrupt 후 다른 스레드에서 해당 단계가 실행될 수 있다는 점이다.

예를 들어 ThreadBot **A**가 1단계를 수행하고 있다고 하자. 그런데 OS 스케줄러가 **A**를 정지시키고 ThreadBot **B**로 콘텍스트 전환을 수행한다. **B**도 1단계에 따라 self.knives의 현재 값을 읽어 들인다. 그리고 OS가 **B**를 일시 중지시키고 **A**의 실행을 재개한다. **A**는 2, 3단계를 실행하고, **B**의 실행을 재개한다. 하지만 **B**는 **A**에 의해 중단된 위치(1단계 이후)부터 2, 3단계를 실행한다. 따라서 **A**에 의해 실행 결과가 **분실**된다.

> **CAUTION_** 복잡하게 보이지만 이 경합 조건 사례는 아주 간단한 경우다. 위 예제에서는 **모든** 코드를 확인할 수 있었고, 테스트에서 문제를 바로 재현할 수 있었다. 하지만 현실의 더 큰 프로젝트에서는 지옥이 펼쳐진다.

이 문제는 공유되는 상태 값에 대해 변경을 수행하는 코드 주변에 **락**을 둘러 수정할 수 있다 (Cutlery 클래스에 threading.Lock을 추가).

```python
def change(self, knives, forks):
    with self.lock:
        self.knives += knives
        self.forks += forks
```

하지만 이 방법을 적용하기 위해서는 여러 스레드 간에 공유되는 상태 값이 쓰이는 모든 위치를 파악해야 한다. 이 방법은 모든 소스 코드를 통제하는 경우 가능하지만, 서드파티 라이브러리를 사용하는 경우에는 적용하기 매우 어렵다. 환상적인 오픈 소스 생태계를 자랑하는 파이썬의 경우에는 특히 어렵다.

소스 코드만 확인해서는 경합 조건을 찾아내기 힘들다는 점을 유의해야 한다. 보통 소스 코드 내에서 스레드 간 콘텍스트 전환이 발생하는 부분에 대한 힌트가 없기 때문이다. OS는 거의 모든 곳에서 스레드 간의 콘텍스트 전환을 수행할 수 있다.

비동기 프로그래밍의 특징을 이용하는 더 나은 방법은 단 하나의 ThreadBot을 사용하여 **모든** 식탁을 처리하도록 하는 것이다. 연구했던 사례와 같이 kitchen 변수의 칼과 포크를 하나의 스레드에 의해 수정되도록 하는 것이다.

게다가 비동기 프로그램에서는 여러 병행 코루틴 간에 콘텍스트 전환이 정확히 언제 발생하는지 확인할 수 있다. await 키워드를 통해 명시적으로 표시하기 때문이다. 3장에서 asyncio를 상세히 설명할 예정이므로 이 사례 연구의 비동기 버전을 여기서 설명하지는 않겠다. 궁금하다면 [예제 B-1]에서 확인할 수 있지만 3장을 우선 공부할 것을 추천한다!

## CHAPTER 3

Asyncio 공략

> Asyncio는 파이썬의 병행 프로그래밍 도구로 스레드나 멀티프로세싱 대비 가벼운 편이다. 구조에 대해 간략히 설명하면, 이벤트 루프를 통해 일련의 태스크를 실행하는 방식이다. 다른 방식들과 가장 큰 차이점은 각 태스크에서 이벤트 루프로 제어권을 다시 넘겨줄 시점을 지정한다는 점이다.
>
> — 필립 존스^{Philip Jones}, 'Understanding Asyncio(Asyncio 이해하기)'[1]

파이썬 asyncio API는 여러 사람이 서로 다른 문제를 해결할 수 있도록 하다 보니 헷갈리는 부분이 있다. 안타깝게도 asyncio의 어떤 부분이 **본인**에게 필요한지 확인하기에는 가이드가 부족하다.

필자는 이를 해소하고자 한다. 파이썬의 비동기 기능은 다음과 같은 두 가지 종류의 사람들을 위해 만들어졌다.

최종 사용자 개발자

애플리케이션(응용프로그램)을 개발할 때 **asyncio**를 사용하길 원하는 사람들이다. 필자는 여러분이 이런 사람들이라고 가정하겠다.

---

1 http://bit.ly/2EPys9Q

프레임워크 개발자 혹은 설계자

최종 사용자 개발자들이 애플리케이션을 개발할 때 사용하는 프레임워크와 라이브러리를 만드는 사람들로, 해당 프레임워크와 라이브러리 내부에서 asyncio를 사용하길 원하는 사람들이다.

최근 커뮤니티에 존재하는 asyncio에 대한 대부분의 혼돈은 두 부류의 차이에서 발생하고 있다. 예를 들어 asyncio에 대한 파이썬 공식 문서는 최종 사용자 개발자보다 프레임워크 개발자에게 적합하다. 최종 사용자 개발자들이 이런 문서들을 대략적으로만 읽는다면 너무 복잡하여 바로 혼란에 빠질 것이다. 즉, 문서를 완전히 숙지하기 전에는 asyncio를 사용하기 힘들다.

필자는 이 책을 통해 최종 사용자 개발자에게 필요한 것과 프레임워크 개발자에게 필요한 것을 좀 더 쉽게 구분할 수 있게 되길 바란다.

> **TIP** Asyncio와 같은 병행 프레임워크의 내부 구조에 대해 관심이 있다면 데이비드 비즐리의 멋진 강연을 추천한다('Python Concurrency from the Ground Up: LIVE!(처음부터 시작하는 파이썬 동시성)').[2] Asyncio와 비슷하지만 간략한 비동기 프레임워크에 대해 설명하고 있다.

필자의 목표는 Asyncio의 가장 기본적인 내용에 대한 이해를 돕는 것이다. Asyncio를 활용하여 간단한 프로그램을 작성할 수 있고 다른 완전한 참고 자료를 이해하는 데 도움이 될 것이다.[3]

우선 '3.1 퀵스타트' 절에서 Asyncio 애플리케이션의 가장 중요한 구성 요소를 확인하겠다.

3.1 퀵스타트

Asyncio는 일곱 가지 기능만 알면 충분하다(일반적 용도로 가정 할 때).

— 유리 셀리바노프, 'PEP 492' 저자, 파이썬에 async와 await 키워드를 추가

---

2 https://oreil.ly/_68Rm

3 지금은 기본적인 내용의 자료도 찾아 볼 수 있다. 책을 쓰던 당시에는 Asyncio에 대한 자료가 파이썬 문서상의 API 명세나 일부 블로그 외에는 없었다.

Asyncio의 공식 문서[4]를 자세히 보는 것은 정말 두려운 일이다. Asyncio는 파이썬의 최신 기능이기 때문에 상당히 경험이 많은 파이썬 프로그래머들에게도 생소한 내용으로 가득하다. asyncio 모듈 문서에 대해 상세히 설명하겠지만, asyncio 라이브러리를 응용하는 입장에서 실제 사용할 부분이 생각보다 훨씬 적다는 점을 기억하길 바란다.

'PEP 492'[5]의 저자이자 비동기 파이썬에 대한 주요 기여자인 유리 셀리바노프는 'PyCon 2016'의 강연 'async/await in Python 3.5 and Why It Is Awesome(파이썬 3.5에서 async/await 문법이 훌륭한 이유)'[6]에서 asyncio 모듈의 많은 API는 프레임워크 개발자를 대상으로 설계했다고 설명했다. 또한 최종 사용자 개발자들이 사용해야 하는 주요 기능을 별도로 강조하여 설명했다. 전체 asyncio API 중 일부는 아래와 같이 요약할 수 있다.

- asyncio 이벤트 루프 시작하기
- async/await 함수 호출하기
- 루프에서 실행할 태스크 작성하기
- 여러 개의 태스크가 완료되길 기다리기
- 모든 병행 태스크 종료 후 루프 종료하기

이번 절에서는 이러한 핵심 기능과 파이썬의 이벤트 기반 프로그래밍 기초에 대해 확인하겠다.

파이썬의 Asyncio를 사용한 'Hello World'를 [예제 3-1]에서 확인하자.

예제 3-1 Asyncio를 사용한 'Hello World'

```
# quickstart.py
import asyncio, time

async def main():
    print(f'{time.ctime()} Hello!')
    await asyncio.sleep(1.0)
    print(f'{time.ctime()} Goodbye!')

asyncio.run(main())    #①
```

---

4 https://oreil.ly/4Y_Pd
5 https://oreil.ly/I3K7H
6 https://oreil.ly/ImGca

① asyncio 모듈에서 제공하는 run() 함수로 async def 함수를 실행한다. 그리고 이 async def 함수에서 다른 코루틴을 실행한다. main() 함수 내의 sleep()이 그 예이다.

다음은 [예제 3-1] 실행 결과다.

```
$ python quickstart.py
Sun Aug 18 02:14:34 2019 Hello!
Sun Aug 18 02:14:35 2019 Goodbye!
```

실제로 대부분의 Asyncio 기반 코드는 run() 함수를 사용한다. 이 함수의 역할을 이해해야 큰 애플리케이션을 잘 설계할 수 있다.

[예제 3-2]를 'Hello-ish World'라고 부르겠다. run() 함수 내부의 모든 동작에 대한 완벽한 예제는 아니다. 하지만 이 책 나머지 부분을 통해 필자가 설명하고자 하는 것과는 상당히 가깝다. 코루틴에 대해 기본적 지식이 필요하나(3장 후반부에서 설명), 일단 따라하면서 감을 잡기를 바란다.

예제 3-2 Asyncio를 사용한 'Hello-ish World'

```
# quickstart.py
import asyncio
import time

async def main():
    print(f"{time.ctime()} Hello!")
    await asyncio.sleep(1.0)
    print(f"{time.ctime()} Goodbye!")

loop = asyncio.get_event_loop()      #①
task = loop.create_task(main())      #②
loop.run_until_complete(task)        #③
pending = asyncio.all_tasks(loop=loop)
for task in pending:
    task.cancel()
group = asyncio.gather(*pending, return_exceptions=True)   #④
loop.run_until_complete(group)       #③
loop.close()    #⑤
```

① loop = asyncio.get_event_loop()

코루틴을 실행하기 위해서 필요한 루프 인스턴스를 얻는 문법이다. 동일 스레드에서 호출하면 코드의 어느 부분에서 get_event_loop()를 호출하든 매번 똑같은 루프 인스턴스를 반환한다.[7] 그런데 async def 함수 내에서 호출하는 경우에는 asyncio.get_running_loop()를 호출해야 한다. 이에 대해서는 이후에 더 상세히 설명하겠다.

② task = loop.create_task(coro)

[예제 3-2]의 코드 상으로는 loop.create_task(main())에 해당한다. 이 문법을 호출하기 전까지 코루틴 함수는 실행되지 않는다. 즉, create_task()를 호출해서 루프에 코루틴을 **스케줄링**한다.[8] 반환받은 task 객체를 통해 작업의 상태를 모니터링할 수 있고(예를 들면 아직 실행 중인지 혹은 완료되었는지), 코루틴 완료 후 코루틴이 반환한 값도 얻을 수 있다. 또한 task.cancel()를 호출하여 작업을 취소할 수도 있다.

③ loop.run_until_complete(coro)

호출을 통해 현재 스레드(보통은 메인 스레드)를 **블로킹**할 수 있다. run_until_complete()를 호출하면 매개변수로 전달했던 coro의 코루틴이 완료될 때까지 루프를 실행한다는 점에 유의하자. 루프가 실행되는 동안 스케줄링된 **다른** 작업들도 같이 실행된다. asyncio.run()도 내부에서 run_until_complete()를 호출하여 메인 스레드를 블로킹한다.

④ group = asyncio.gather(task1, task2, task3)

process signal[9]이나 loop.stop() 호출로 인한 루프 중지 등으로 'main' 내의 블로킹 상태가 풀린 후[10] run_until_complete() 이후의 코드가 실행된다. 이후 코드의 절차는 다음과 같다. 아직 실행 중인 태스크를 취합하고, 모든 태스크에게 취소 요청을 한 후 loop.run_until_complete()를 호출하여 태스크들이 모두 종료 상태가 될 때까지 대기한다. gather() 함수를 통해 아직 실행 중인 태스크를 취합한다. asyncio.run()의 내부에서 위의 절차를 모두 포함한다는 점에 유의하자.

....

7 asyncio API로 여러 개의 이벤트 루프나 스레드를 다룰 수 있지만 이 책의 범위를 벗어난다. 대부분의 경우 하나의 메인 스레드만 사용한다.

8 API 문서에서는 관례적으로 매개변수 이름으로 coro를 사용한다. **코루틴**을 일컫는 단어인데, 엄밀히 얘기하면 async def 함수 자체가 **아니라** async def 함수를 호출하여 반환받은 **결과다**.

9 https://oreil.ly/KfOmB

10 옮긴이_ await asyncio.sleep(1.0)이 반환된 후

⑤ `loop.close()`

`loop.close()`는 보통 최종 동작이다. 이 함수는 정지된 루프에 대해 호출해야 한다. 이 함수는 루프의 모든 대기열을 비우고 익스큐터^{executor}를 종료시킨다. **정지된** 루프는 다시 실행될 수 있으나, **닫힌** 루프는 완전히 끝난 것이다. `asyncio.run()`내부에서는 호출될 때마다 신규 이벤트 루프를 생성하고, 반환하기 전에 루프를 닫는다.

[예제 3-1]에서는 `asyncio.run()`를 호출할 경우 대부분의 절차를 내부적으로 포함하므로 별도로 코드에 작성할 필요가 없었다. 하지만 실무는 더 복잡한 상황일 것이므로 이 절차를 잘 이해한 후 해결에 필요한 더 많은 지식을 습득해야 한다. 이 책 후반부에서 지식 일부를 다루겠다.

> **CAUTION_** 예제는 asyncio의 가장 중요한 함수와 메서드 소개에 충실하기 때문에 너무 단순하여 실무에 사용하기 어렵다. 정확한 종료 처리를 위해서는 더 많은 보강이 필요하다. 종료 처리를 위한 더 실질적인 내용은 3.10절에서 확인할 수 있다.

파이썬의 `asyncio`는 이벤트 루프의 내부 구조 중 많은 영역을 보여주고 생명주기 관리^{lifecycle} ^{management}와 같은 부분에 대해 충분히 이해하지 못하면 적절히 활용하기 힘들다. 이는 `Node.js`와의 차이점으로 `Node.js`에서는 이벤트 루프의 내부를 많이 보여주지 않는다. 하지만 `asyncio`를 조금만 사용해보면 이벤트 루프를 시작하는 프로그래밍 패턴과 종료하는 패턴에 대해 빠르게 감을 잡을 수 있다. 이후 몇 가지 예를 통해 루프의 생명주기 관리에 대해 살펴볼 것이다.

앞의 예제에 포함하지 않은 내용이 있다. 알아야 하는 기본 기능은 **블로킹** 함수를 실행하는 방법이다. 멀티태스킹을 적절히, 협력적^{cooperative}으로 구성하기 위해서는 I/O 위주 함수들을 적당히 어우러지게 사용해야 한다. 이는 `await` 키워드를 사용하여 루프로 콘텍스트 전환을 제어한다는 의미다. 대부분의 파이썬 함수에서 이 작업을 수행하지 않기 때문에 직접 콘텍스트 전환을 하도록 코드를 작성해야 한다. 결국 많은 함수가 `async def`를 도입하기 전까지는 블로킹 라이브러리(콘텍스트 전환을 하는 코드를 포함)를 사용할 수밖에 없다.

이러한 목적으로 `asyncio`는 `concurrent.futures` 패키지와 매우 비슷한 API를 제공한다. `concurrent.futures`에는 ThreadPoolExecutor와 ProcessPoolExecutor가 있다. 기본은 스

레드 기반 방식(ThreadPoolExecutor)이지만 프로세스 기반 방식(ProcessPoolExecutor)을 사용할 수도 있다. [예제 3-2]에서 익스큐터에 대한 설명은 생략하였는데 이는 설명을 모호하게 할 수 있기 때문이다. 이제 기본적인 설명을 마무리했으므로 익스큐터에 대해 설명하겠다.

몇 가지 특이한 부분을 알아두어야 한다. [예제 3-3]를 살펴보자.

예제 3-3 기본 익스큐터 인터페이스

```
# quickstart_exe.py
import time
import asyncio

async def main():
    print(f'{time.ctime()} Hello!')
    await asyncio.sleep(1.0)
    print(f'{time.ctime()} Goodbye!')

def blocking():    #①
    time.sleep(0.5)    #②
    print(f"{time.ctime()} Hello from a thread!")

loop = asyncio.get_event_loop()
task = loop.create_task(main())

loop.run_in_executor(None, blocking)    #③
loop.run_until_complete(task)

pending = asyncio.all_tasks(loop=loop)    #④
for task in pending:
    task.cancel()
group = asyncio.gather(*pending, return_exceptions=True)
loop.run_until_complete(group)
loop.close()
```

① blocking()은 전통적인 time.sleep() 함수를 내부에서 호출한다. 이로 인해 메인 스레드에서 blocking() 함수를 호출하면 메인 스레드를 **블로킹**하고 이벤트 루프를 **실행되지 않도록** 했을 것이다. 이는 이 함수를 코루틴으로 만들어서는 안 된다는 뜻이다. 즉, asyncio 루프가 실행되고 있는 메인 스레드 **어디에서도** 호출해서는 안 된다. **익스큐터**에서 호출하면 이 문제를 해결할 수 있다.

② 3.1절과는 무관하지만 이 책을 보면서 꼭 염두에 두어야 할 사항이 있다. blocking()에서 블로킹 수면 시간sleep time을 0.5초로 지정하여 main() 코루틴 내의 논블로킹nonblocking 수면 시간(1초)보다 짧게 설정했다는 점이다. 이를 통해 코드 예제를 깔끔하고 단순화할 수 있다. 3.10.3절에서 이 설정을 바꾸어 익스큐터에서 실행되는 함수들이 오래 지속될 때 프로그램 종료 과정에서 어떤 일이 벌어지는 살펴보도록 하겠다.

③ loop.run_in_executor(None, func)

이제 asyncio의 마지막 핵심 기능을 설명하겠다. 때로 별도의 스레드나 프로세스에서 작업을 수행해야 할 수 있다. 다음 메서드로 이 목적을 달성할 수 있다. 이 문법으로 블로킹 함수를 전달하여 기본 익스큐터에서 실행되도록 요청한다.[11] run_in_executor()는 메인 스레드 자체를 블로킹하지 **않는다**는 점에 주의하자. 단지 익스큐터에 작업을 스케줄링하는 것뿐이다(run_in_executor()를 호출하면 Future 개체를 반환받는데, 다른 코루틴 함수에서 호출했다면 await 키워드를 통해 블로킹 함수의 실행이 완료될 때까지 대기할 수도 있다). 익스큐터에 할당된 작업은 run_until_complete()를 실행해야 시작될 수 있다. 이는 run_until_complete()를 호출해야만 이벤트 루프가 할당된 작업 처리를 시작하기 때문이다.

④ 추가 유의 사항으로 pending 변수 내의 태스크 목록에는 run_in_executor() 호출 시 매개변수로 전달했던 blocking()에 대한 호출은 **포함하지 않는다**. Task가 아닌 Future를 반환하는 어떠한 호출도 포함하지 않는다. 문서에 함수나 메서드의 반환형return type을 명시하고 있으므로 확인할 수 있다. all_tasks()는 Task만 반환하고 Future는 반환하지 않는다는 점을 명심하자.

다음은 스크립트의 실행 결과이다.

```
$ python quickstart_exe.py
Sun Aug 18 01:20:42 2019 Hello!
Sun Aug 18 01:20:43 2019 Hello from a thread!
Sun Aug 18 01:20:43 2019 Goodbye!
```

---

11 안타깝게도 run_in_executor()의 첫 번째 매개변수는 Executor 인스턴스로, 기본 익스큐터를 쓰려면 None을 **전달해야 한다**. 그런데 필자는 이 함수를 사용할 때마다 기본값을 None으로 지정한 kwarg가 되어야 한다고 생각한다.

asyncio 중 최종 사용자 개발자에게 가장 필수적인 부분을 확인하였으므로, 이제 범위를 넓혀 asyncio API의 계층 구조 전체를 확인해보자. 이렇게 하면 문서에서 필요한 부분을 찾는 방법을 쉽게 이해할 수 있을 것이다.

3.2 Asyncio의 탑

3.1절에서 확인한 바와 같이 최종 사용자 개발자로서 asyncio를 사용하기 위해 필요한 명령어는 많지 않다. 그런데 asyncio 문서에서 최종 사용자 개발자용 기능과 프레임워크 설계자용 기능인지 구분하지 않고 모든 API를 나열하고 있어, 최종 사용자 개발자용 기능만 판별하기 힘들다.

프레임워크 설계자는 새로 개발할 프레임워크나 서드파티 라이브러리와 연동할 **연결 지점**이 필요하다. 3.2절에서는 프레임워크 설계자의 입장에서 asyncio를 확인하고, 신규 비동기 라이브러리를 개발하는 방법을 알아보겠다. 여러분의 작업에 필요한 기능의 상세한 설명이 되길 바란다.

프레임워크 설계자 관점에서는 asyncio 모듈을 계층적 구성으로 바라보는 편이 훨씬 좋다. 안타깝게도 완전히 탄탄하게 구성되어 있지는 않지만 필자가 [표 3-1]에서 적당히 배치를 해보았다. 이를 통해 asyncio API에 대해 더 잘 이해할 수 있기를 바란다.

> **CAUTION_** [표 3-1]과 각 '계층'별 이름과 숫자는 완전히 필자의 주관적인 해석이다. 이는 asyncio API에 대해 설명하기 위한 목적이다. 전문가인 경우 다른 방식으로 정리해도 무방하다.

표 3-1 계층으로 구성된 asyncio의 기능(최종 사용자 개발자에게 필수적 기능은 굵은 글씨로 표시)

단계	구성	구현
계층 9	**네트워크: 스트림**	StreamReader, StreamWriter, asyncio.open_connection(), asyncio.start_server()
계층 8	네트워크: TCP & UDP	Protocol
계층 7	네트워크: 트랜스포트	BaseTransport
계층 6	**도구**	asyncio.Queue
계층 5	**별개의 스레드와 프로세스**	run_in_executor(), asyncio.subprocess

단계	구성	구현
계층 4	Task	asyncio.Task, asyncio.create_task()
계층 3	Future	asyncio.Future
계층 2	**이벤트 루프**	asyncio.run(), BaseEventLoop
계층 1 (Base)	**코루틴**	async def, async with, async for, await

계층 1 가장 기초적인 단계로 여러분이 이 책에서 이미 보았던 코루틴이다. 서드파티 프레임워크 설계 시 시발점이 될 수 있는 가장 낮은 수준의 API다. 이를 사용하고 있는 비동기 프레임워크는 현재 **2개**나 있다. Curio[12]와 Trio[13]다. 모두 파이썬의 네이티브 코루틴**만** 사용하고 asyncio 라이브러리는 사용하지 않는다.

계층 2 다음 단계는 이벤트 루프다. 코루틴은 그 자체만으로는 유용하지 않다. 코루틴은 자신을 실행할 루프 없이는 의미가 없다(따라서 Curio와 Trio에서는 자체적으로 이벤트 루프를 구현했다). asyncio 라이브러리에서는 이벤트 루프를 위한 **사양**specification인 AbstractEventLoop와 **구현**implementation인 BaseEventLoop를 제공한다.

사양과 구현이 명확히 구분되어 있어 서드파티 개발자들이 이벤트 루프에 대한 대체재를 개발할 수 있다. uvloop[14]에서 확인할 수 있는데, asyncio 표준 라이브러리에서 제공하는 이벤트 루프에 비해 훨씬 빠른 성능을 보인다. 중요한 점은 uvloop 라이브러리는 asyncio 라이브러리의 계층 구조 중 루프 관련 부분**만** '플러그인 되어' 단순 대체하고 있다는 점이다. 이러한 가능성을 제공하기 위해 asyncio API에서 사양과 구현을 명확히 구분하여 설계한 것이다.

계층 3~4 Future와 Task가 있다. Task가 Future의 하위 클래스이기 때문에 계층을 구분했을 뿐 사실상 동일한 계층이라고 할 수 있다. Future 인스턴스는 이벤트 루프에서 실행 중인 태스크로, **알림**notification을 통해 결과를 반환한다. Task 인스턴스는 이벤트 루프에서 실행 중인 코루틴을 나타낸다. 즉, Future는 '루프 기반'이고, Task는 '루프 기반'**이자** '코루틴 기반'이다. 최종 사용자 개발자 입장에서는 Future보다 Task를 더 많이 사용할 것이고, 프레임워크 설계자 입장이라면 경우에 따라 완전히 반대인 Future를 더 많이 사용할 것이다.

---

12 https://oreil.ly/Zu0lP
13 https://oreil.ly/z2lZY
14 https://oreil.ly/2itn_

계층 5 별개의 스레드 혹은 별개의 프로세스에서 작동해야 하는 작업을 시작하고 대기하는 기능들이 있다.

계층 6 asyncio.Queue와 같은 추가적인 비동기 기반 도구들이 있다. I/O 관련 계층 전에 코루틴 기반 API를 먼저 확인해야 한다고 생각하기 때문에 네트워크 계층보다 앞선 계층으로 두었다. asyncio의 Queue는 queue 스레드에 안전한thread-safe Queue와 매우 흡사하다. 유일한 차이점은 asyncio의 Queue를 사용할 때는 get()과 put()에 대해 await 키워드를 사용해야 한다는 점이다. 또한 get()이 메인 스레드를 블로킹하므로 코루틴 내에서 queue.Queue를 직접 사용해서는 안 된다.

계층 7~9 네트워크 I/O 계층이 분포되어 있다. 최종 사용자 개발자 관점에서 가장 유용한 API는 계층 9의 Streams API다. 탑의 최상층에 Streams API를 배치하였다. 계층 8에는 protocols API를 두었다. 이는 Streams API보다 더 세부적이다. Streams API를 사용하는 모든 곳에서 protocols API도 **사용할 수 있지만**, Streams API가 사용하기 더 간편하다. 마지막 네트워크 I/O 계층은 계층 7의 트랜스포트transport 계층이다. 이 계층을 직접 사용하는 경우는 다른 사람들에게 제공하기 위한 프레임워크를 제작할 때 트랜스포트의 구성을 변경하고자 할 때뿐이다.

3.1절에서는 asyncio 라이브러리를 사용하기 위해 알아야 하는 최소한의 정보를 확인했다. 본격적으로 asyncio 라이브러리 전체를 살펴보기 전에 간략한 기능 목록을 다시 확인하면서 관심 있을 만한 부분을 짚어보겠다.

네트워크 애플리케이션 개발 중 asyncio 라이브러리를 사용하는 경우 asyncio에서 가장 중요한 계층은 다음과 같다.

계층 1

async def 함수를 작성하는 방법과 다른, 코루틴을 호출하고 실행하기 위해 await 사용 방법을 이해해야 한다.

계층 2

이벤트 루프를 시작하고, 종료하며, 상호작용하는 방법을 이해해야 한다.

계층 5

비동기 애플리케이션에서 블로킹 코드를 사용할 때 익스큐터를 활용하면 된다. 하지만 대부분의 서드파티 라이브러리는 asyncio와 호환되지 않는다. 예를 들어 SQLAlchemy 데이터베이스 ORM^{Object-Relational Mapper} 라이브러리가 있는데 현재는 asyncio와 호환되는 기능을 지원하지 않는다.

계층 6

한 개 이상의 긴 시간 동안 실행하는 코루틴에 데이터를 전달해야 한다면 asyncio.Queue가 가장 적합한 방법이다. 스레드에 데이터를 배분할 때 queue.Queue를 사용하는 것과 동일한 방법이다. Asyncio의 Queue는 표준 라이브러리의 queue 모듈과 동일한 API를 제공하지만 get()과 같은 블로킹 메서드가 아닌 코루틴을 사용해야 한다.

계층 9

Streams API는 소켓 통신을 처리하는 가장 간단한 동작으로 네트워크 애플리케이션의 프로토타입을 작성하기에 적합하다. 만약 더 상세한 제어가 필요하다면 protocols API로 전환하면 된다. 하지만 문제를 정확히 파악하여 상세한 제어가 필요하다고 확정하기 전까지, 대부분은 단순성을 유지하기 위해 Streams API를 사용하는 편이 낫다.

물론 asyncio와 호환되는 소켓 통신용 서드파티 라이브러리를 사용한다면 asyncio의 네트워크 계층을 직접 사용할 필요는 없다. aiohttp가 그 예다. 이러한 라이브러리를 사용하는 경우 반드시 해당 라이브러리에서 제공하는 문서를 충분히 숙지해야 한다.

asyncio 라이브러리는 최종 사용자 개발자와 프레임워크 설계자 모두에게 충분한 기능 제공을 목표로 하고 있다. 하지만 이로 인해 현재 asyncio API는 다소 무질서해 보이게 되었다. 3.2절을 통해 필요한 부분만 선택하여 도움이 될 수 있는 로드맵을 얻었기를 바란다.

3.3절에서는 앞서 살펴본 각 목록에 대해 자세히 살펴보겠다.

TIP pysheeet[15] 사이트에서 규모가 큰 asyncio API에 대한 심층적인 요약(혹은 'cheat sheet'[16])을 제공한다. 각 개념을 짧은 코드만으로 설명한다. 설명이 다소 어려워 초심자에게 추천하지 않는다. 하지만 파이썬에 경험이 많고 새로운 프로그래밍 정보를 코드만으로도 이해할 수 있다면 유용할 것이다.

3.3 코루틴

차근차근히 시작해보자. 코루틴이란 무엇인가?

필자는 3.3절에서 **코루틴 객체, 비동기 함수**와 같은 용어의 의미를 명확히 이해할 수 있도록 돕고자 한다. 이후 예제는 대부분의 프로그램에서 필요하지 않는 저수준의 동작을 포함하고 있다. 하지만 Asyncio의 기본을 더 명확하게 이해하는 데 도움이 될 것이고, 3.4절 내용을 훨씬 쉽게 파악할 수 있게 해줄 것이다.

예제에서 파이썬 3.8 인터프리터의 쌍방향 모드를 재현해볼 수 있다. 직접 입력하여 결과를 확인하고, async와 await를 여러 가지 방법으로 실험해보길 바란다.

> **CAUTION_** asyncio는 파이썬 3.4에서 처음으로 추가되었고, 코루틴을 사용하기 위한 새로운 async def와 await는 파이썬 3.5에서 추가되었다. 그렇다면 3.4버전에서는 어떻게 asyncio를 사용했을까? 그때는 **제너레이터**generator가 코루틴을 대신했다. 그래서 예전 코드를 확인해보면 @asyncio.coroutine로 처리한 제너레이터 함수를 찾을 수 있고, 제너레이터 함수 내에는 yield from 구문이 들어 있다. 3.5버전부터 도입된 새로운 문법 async def를 사용한 코루틴은 파이썬 언어에 내장된 코루틴 문법 내에 포함되었기 때문에 **네이티브 코루틴**이라고 불린다. 이 책에서는 오래된 방식인 제너레이터 기반 코루틴을 완전히 무시하겠다.

3.3.1 새로운 async def 키워드

우선 가장 간단한 [예제 3-4]를 실습해보겠다.

---

15 http://bit.ly/2toWDL1
16 옮긴이_ IT 분야에서 특정 솔루션이나 방법론 등에 대한 요약본을 일컫는 용어이다.

```
>>> async def f():    #①
...    return 123
...
>>> type(f)    #②
<class 'function'>
>>> import inspect    #③
>>> inspect.iscoroutinefunction(f)    #④
True
```

① 가장 간단한 형태의 코루틴 선언이다. 일반적인 함수와 유사해 보이지만, async def 키워드로 시작한다는 점이 다르다.

② 놀랍지 않은가! f의 정확한 형^{type}은 '코루틴'이 **아니다**. 일반적인 함수다. 보통 async def 함수를 코루틴이라 일컫는다. 하지만 정확히 얘기하면 **코루틴 함수**다. 파이썬에서 제너레이터 함수의 형태와 동일하다.

```
>>> def g():
...    yield 123
...
>>> type(g)
<class 'function'>
>>> gen = g()
>>> type(gen)
<class 'generator'>
```

g가 '제너레이터'로 잘못 불리는 경우가 있다. 사실 g 자체는 함수일 뿐이다. 제너레이터는 g를 **호출하여 값으로 반환받아야** 한다. 코루틴 함수도 동일하다. async def 함수를 **호출하여** 코루틴 객체를 반환받아야 한다.

③ 표준 라이브러리에서 inspect 모듈은 내장 함수인 type() 보다 훨씬 강력한 검사 기능을 제공한다.

④ iscoroutinefunction() 함수를 이용하면 일반적인 함수와 코루틴 함수를 구분할 수 있다.

이제 async def f()로 돌아가서, [예제 3-5]에서 호출했을 때 일어나는 결과를 확인해보 겠다.

예제 3-5 코루틴 객체를 반환하는 async def 함수

```
>>> coro = f()
>>> type(coro)
<class 'coroutine'>
>>> inspect.iscoroutine(coro)
True
```

원래의 질문으로 돌아가자. 코루틴은 무엇인가? **코루틴**은 완료되지 않은 채 일시 정지^{suspend}했 던 함수를 재개할 수 있는 기능을 가진 객체다. 어디서 들어본 것 같다면 코루틴이 제너레이터 와 매우 흡사하기 때문이다. 파이썬 3.5에서 async def와 await 키워드를 통해 **네이티브 코루 틴**을 도입하기 전, 파이썬 3.4에서는 제너레이터와 특별한 데커레이터를 통해 asyncio 라이 브러리를 사용할 수 있었다.[17] 따라서 새로운 async def 함수와 이 함수가 반환하는 코루틴이 제너레이터와 흡사한 방식으로 동작하는 것은 놀라울 일이 아니다.

파이썬에서 코루틴 객체들이 어떻게 사용되는지 좀 더 확인해보자. 가장 중요한 것은 파이썬의 코루틴들 사이에서 실행을 '전환'하는 방식이다. 일단 반환 값이 어떻게 얻어지는지 확인하자.

코루틴이 **반환**할 때 실제로는 StopIteration 예외가 발생한다. 이전 예제의 내용이 이어지는 [예제 3-6]을 더 살펴보자

예제 3-6 코루틴 내부의 send()와 StopIteration 사용하기

```
>>> async def f():
...     return 123
>>> coro = f()
>>> try:
...     coro.send(None)    #①
... except StopIteration as e:
...     print('The answer was:', e.value)    #②
...
The answer was: 123
```

---

17 게다가 트위스티드나 토네이도 같은 오픈 소스 라이브러리도 이와 같은 방식으로 비동기 API를 지원하고 있다.

① 코루틴에 None을 '전달'하여 **초기화**한다. **이벤트 루프**는 내부적으로 동일한 방식을 통해 코루틴에 대해 초기화를 진행하므로 직접 실행할 필요가 없다. 생성한 모든 코루틴을 `loop.create_task(coro)` 혹은 `await coro`를 통해 실행하면 `loop`가 알아서 `.send(None)`를 내부적으로 실행할 것이다.

② 코루틴이 **반환**할 때 `StopIteration`라는 특별한 예외가 발생한다. 예외의 `value` 속성을 확인하여 코루틴의 반환 값을 확인할 수 있다는 점에 유의하자. 다시 말하지만 이런 동작들에 대해 군이 알 필요는 없다. 최종 사용자 관점에서 `async def` 함수는 `return` 구문을 통해 일반 함수와 똑같이, 단순히 값을 반환할 뿐이다.

`send()`와 `StopIteration` 두 가지 지점이 각각 코루틴 실행의 시작과 끝이다. 단지 하나의 함수를 실행하는 복잡한 방법처럼 보일 수 있지만 걱정할 필요가 없다. **이벤트 루프**가 내부 동작을 처리하여 코루틴의 실행을 제어할 것이다. 즉, 최종 사용자 개발자 입장에서는 단순히 루프에서 코루틴이 실행되도록 스케줄링하면 일반적인 함수처럼 탑다운 형태로 실행될 것이다.

다음으로 코루틴의 실행이 일시 정지되는 방식을 확인하겠다.

3.3.2 새로운 await 키워드

새로운 키워드 await[18]는 항상 매개변수 **하나**를 필요로 한다. 허용되는 형은 **awaitable**로 불리며 다음 중 하나여야 한다.

- 코루틴(즉, `async def` 함수의 **반환 값**)[19]
- `__await__()` 라는 특별 메서드를 구현한 모든 객체. 이 메서드는 **반드시** 이터레이터[iterator]를 반환해야 한다.

두 번째 awaitable은 이 책에서 다루지 않겠다(asyncio를 통한 일상적인 프로그래밍에서는 사용할 일이 거의 없다). [예제 3-7]에서 확인할 수 있듯이 첫 번째 awaitable은 명확하다.

---

18 https://oreil.ly/uk4H3

19 이전 버전에서 사용되던 제너레이터 기반 코루틴도 await를 사용할 수 있다. 제너레이터 기반 코루틴은 @types.coroutine 데커레이터를 사용하고, 일시 정지를 처리하기 위해서 내부에서 `yield from` 키워드를 사용한다. 하지만 이 책에서는 다루지 않도록 하겠다. 잊어버리자!

```
async def f():
    await asyncio.sleep(0)
    return 123

async def main():
    result = await f()    #①
    return result
```

① f()를 호출하면 코루틴을 반환한다. 이는 f()에 대해 **await**할 수 있다는 뜻이다. f()가 완료되면 result 변수의 값은 123이 될 것이다.

3.3절을 마무리하고 3.4절 이벤트 루프로 넘어가기 전, 코루틴에 어떻게 예외를 주입하는지 확인하자. 이는 가장 일반적인 취소 방법이다. task.cancel()을 호출할 때 이벤트 루프는 내부적으로 coro.throw()를 사용하여 여러분의 코루틴 **내부에서** asyncio.CancelledError 예외를 발생시킨다. [예제 3-8]에서 이를 확인해보자.

예제 3-8 코루틴에 예외를 주입하기 위해 coro.throw() 사용하기

```
>>> coro = f()    #①
>>> coro.send(None)
>>> coro.throw(Exception, 'blah')    #②
Traceback (most recent call last):
  File "<stdin>", line 1, in <module>
  File "<stdin>", line 2, in f
Exception: blah
blah
```

① 이전과 마찬가지로 코루틴 함수 f()를 이용해 새 코루틴을 생성한다.

② 또 다른 send()를 호출하기 보다 throw()를 호출하여 예외 클래스와 값을 전달한다. 이를 통해 await 지점에서 코루틴 **내**에 예외를 발생시킨다.

asyncio 내에서 throw() 메서드를 사용하여 **태스크 취소**task cancellation를 수행한다. [예제 3-9]로 새로운 코루틴 내에서 취소를 처리하는 방식을 확인하자.

```
>>> import asyncio
>>> async def f():
...     try:
...         while True: await asyncio.sleep(0)
...     except asyncio.CancelledError:    #①
...         print('I was cancelled!')    #②
...     else:
...         return 111
>>> coro = f()
>>> coro.send(None)
>>> coro.send(None)
>>> coro.throw(asyncio.CancelledError)    #③
I was cancelled!    #④
Traceback (most recent call last):
  File "<stdin>", line 1, in <module>
StopIteration    #⑤
```

① 이제 코루틴 함수에서 예외를 처리한다. 실제로 **asyncio** 라이브러리에서는 태스크 취소를 위해 **특정** 예외 형을 사용한다. 이것은 asyncio.CancelledError다. 코루틴 외부에서 코루틴에 예외를 주입한다는 점에 유의하자. 즉, 이벤트 루프에 의해 send()와 throw()를 직접 실행한다. 이후에 확인하겠지만 실제 코드에서는 태스크를 취소할 때 태스크 내부의 코루틴에서 CancelledError가 발생한다.

② 태스크가 취소되었다는 간단한 메시지. 예외를 처리하여 예외가 더 전파되지 않도록 하고 코루틴이 **return** 되도록 하는 점에 유의하자.

③ 여기서 CancelledError 예외를 throw()한다.

④ 예상대로 취소 메시지가 출력되는 것을 확인할 수 있다.

⑤ 코루틴은 정상적으로 종료한다(StopIteration 예외가 코루틴이 종료하는 일반적인 방법임을 상기하자).

원래 설명하고 있던 내용으로 돌아가(태스크 취소가 일반적인 예외 발생과 동일함), [예제 3-10]을 살펴보자. 취소 요청을 처리하고 다른 코루틴으로 넘어간다.

예제 3-10 교육 목적용인 예제이므로 실제로는 다음과 같이 실행하면 안 된다.

```
>>> async def f():
...     try:
...         while True: await asyncio.sleep(0)
...     except asyncio.CancelledError:
...         print('Nope!')
...         while True: await asyncio.sleep(0)    #①
...     else:
...         return 111
>>> coro = f()
>>> coro.send(None)
>>> coro.throw(asyncio.CancelledError)    #②
Nope!
>>> coro.send(None)    #③
```

① 메시지를 출력하는 대신, 취소 후에 바로 다른 awaitable을 await하면 어떻게 될까?

② 놀랄 것도 없이 바깥쪽 코루틴은 살아났다가, **새로운** 코루틴 안에서 바로 다시 일시 정지 한다.

③ 모든 것이 정상적으로 진행되고 코루틴은 예상대로 일시 정지와 재개를 반복한다.

물론 절대로 이런 일을 해서는 안 된다! 코루틴이 취소 신호를 받으면 정리 및 종료만 해야 한 다. 절대 취소 신호를 무시하거나 건너뛰지 않도록 하자.

이제 수동으로 .send(None) 호출하여 **이벤트 루프인 척** 하는 것은 그만하고, [예제 3-11]에서 asyncio의 루프를 사용하는 사례를 확인하자.

예제 3-11 코루틴 실행하기 위해 이벤트 루프 사용하기

```
>>> async def f():
...     await asyncio.sleep(0)
...     return 111
>>> loop = asyncio.get_event_loop()    #①
>>> coro = f()
>>> loop.run_until_complete(coro)    #②
111
```

① 루프를 얻는다.

② 코루틴을 실행하고 완료한다. 내부적으로 모든 `.send(None)` 메서드 호출을 수행하고 `StopIteration` 예외 통해 코루틴의 완료를 확인한다. 완료 후에는 `StopIteration` 예외에 반환 값이 포함된다.

3.4 이벤트 루프

3.3절에서 코루틴의 `send()`와 `throw()` 메서드를 통해 코루틴의 비동기 처리에 대해 확인해보았다. 그런데 실제 asyncio의 이벤트 루프는 코루틴 간 전환, `StopIteration` 예외 처리, 소켓과 파일 디스크립터descriptor의 이벤트 수신 등도 처리하므로 다소 차이가 있다.

이벤트 루프를 직접 다루지 않아도 `await`와 `asyncio.run(coro)`만으로도 asyncio를 사용할 수 있다. 하지만 경우에 따라 이벤트 루프를 다뤄야 하는 경우가 있으므로 살펴보겠다.

이벤트 루프를 얻는 두 가지 방법이 있다.

추천

`asyncio.get_running_loop()` 코루틴 내에서 호출 가능

비추천

`asyncio.get_event_loop()` 어디서든 호출 가능

그런데 `get_running_loop()`는 최신의 파이썬 3.7에서 도입되었기 때문에 아직 비추천 함수인 `asyncio.get_event_loop()`를 사용하는 코드가 훨씬 많다. 따라서 비추천 방법도 알아두는 편이 낫다. [예제 3-12]에서 확인해보자.

예제 3-12 언제나 같은 이벤트 루프 얻기

```
>>> loop = asyncio.get_event_loop()
>>> loop2 = asyncio.get_event_loop()
```

```
>>> loop is loop2    #①
True
```

① 변수 loop와 loop2는 동일한 인스턴스를 참조한다.

코루틴 함수 내에서 루프 인스턴스에 접근하기 위해서 get_event_loop() 혹은 get_running_loop()를 호출하면 된다. 함수 외부에서 loop 매개변수로 전달할 필요가 **없다**.

하지만 프레임워크 설계자라면 상황이 좀 다르다. 프레임워크 사용자들이 'event loop 정책'[20]과 같은 일반적이지 않은 방법을 사용할 수 있으므로 loop 매개변수를 통해 루프 인스턴스를 전달받도록 함수를 설계하는 편이 낫다.

그렇다면 get_event_loop()와 get_running_loop() 차이는 무엇일까. 이는 get_event_loop() 메서드는 **동일한 스레드** 내에서만 동작하는 목적으로 만들어졌다. get_event_loop()에 대한 호출이 정상적으로 동작하도록 하기 위해서는 new_event_loop()를 호출하여 새로운 루프를 생성하고, set_event_loop()를 호출하여 **해당** 루프 인스턴스를 스레드의 새로운 루프 인스턴스로 지정해야 한다. 대부분 하나의 스레드에서 하나의 루프 인스턴스만 필요할 것이다. 비동기 프로그래밍을 다루면서 거의 보게 될 일이 없을 것이다.

이와 반대로 get_running_loop()는 말 그대로 기대하는 대로 동작한다. 코루틴이나 태스크, 혹은 함수 내에서만 호출이 가능해서 **현재** 동작 중인 이벤트 루프를 반드시 얻을 수 있다.

또한 get_running_loop()를 도입해서 백그라운드 작업의 생성 절차가 간편해졌다. 코루틴 함수 내에서 태스크를 추가 생성하고 **대기하지 않는** 것을 [예제 3-13]에서 확인하자.

예제 3-13 태스크 만들기

```
async def f():
    # 태스크 생성
    loop = asyncio.get_event_loop()
    for i in range():
        loop.create_task(<some other coro>)
```

----

20 https://oreil.ly/oMe9w

이 예제 코드의 목적은 코루틴 내에서 새로운 태스크들을 시작시키는 것이다. 태스크들에 대해 대기하지 않아도 코루틴 함수 f() 내의 실행 콘텍스트와 별개로 태스크들이 동작할 것이다. 또한 f()는 시작시킨 태스크들이 완료되기 전에 먼저 종료할 것이다.

파이썬 3.7 이전에는 태스크를 스케줄링하기 위해 loop 인스턴스를 먼저 획득해야 했지만 get_running_loop()가 도입된 후로는 그것을 사용하는 asyncio.create_task()와 같은 asyncio 함수들만으로 태스크를 생성할 수 있게 되었다. 파이썬 3.7 이후의 비동기 태스크 생성 코드는 [예제 3-14]와 같아졌다.

예제 3-14 현대식으로 태스크 만들기

```python
import asyncio

async def f():
    # 태스크 생성
    for i in range():
        asyncio.create_task(<some other coro>)
```

태스크를 생성하기 위해 create_task() 외에 저수준 함수인 asyncio.ensure_future()를 사용할 수도 있다. 오래된 asyncio 코드에서 확인할 수 있다. 혼돈을 방지하기 위해 ensure_future()에 대해 논하는 것을 피하려 했지만, asyncio API 사례 중 프레임워크 설계자를 위한 부분과 최종 사용자 개발자를 위한 부분의 차이에 적절한 사례로 판단되어 포함했다. asyncio.create_task()와 asyncio.ensure_future()의 차이는 많은 사람이 미묘하고 헷갈려 한다. 3.5절에서 이 차이에 대해 확인해보자.

3.5 Task와 Future

앞서 코루틴에 대해 확인했고, 루프에서 코루틴을 처리하는 방식에 대해서도 살펴보았다. 이제 Task와 Future의 API에 대해 간략히 확인해보자. 3.1절에서 명시한 바와 같이 대부분의 코드에서 create_task() 함수로 코루틴을 실행하므로 Task를 가장 많이 사용하게 될 것이다. Future 클래스는 Task의 상위 클래스로 루프와 관련된 모든 기능을 제공한다.

간단하게 생각해보면 다음과 같다. Future는 어떤 동작의 미래에 일어날 완료 상태를 나타내고 루프에 의해 관리된다. Task는 Future와 완전히 동일한 기능에 더하여 '동작'을 async def로 정의한 함수와 create_task() 함수를 통해 생성한 코루틴으로 지정한다.

Future 클래스는 루프와 상호작용하는 어떤 것의 **상태**를 나타낸다. 이런 설명은 깨달음을 얻기에 너무 모호하므로, 대신 Future 인스턴스를 진행 상태에 대한 토글 스위치라고 생각하는 편이 낫다. Future 인스턴스를 생성한 시점에는 토글 스위치가 '아직 완료되지 않았음'으로 설정되어 있다가 약간의 시간이 지난 후 '완료됨'으로 바뀔 것이다. Future 인스턴스에는 done()이라는 메서드가 있어 상태를 확인할 수 있다. [예제 3-15]로 확인해보자.

예제 3-15 done()으로 완료 상태 확인하기

```
>>> from asyncio import Future
>>> f = Future()
>>> f.done()
False
```

Future 인스턴스는 다음과 같은 기능도 가능하다.

- 'result' 값을 설정할 수 있다(값을 쓸 때는 .set_result(value)를 사용하고, 값을 읽어올 때는 .result()를 사용).
- .cancel()로 작업을 취소할 수 있다(.cancelled()로 취소 여부를 확인).
- Future가 완료되었을 때 실행할 콜백callback 함수들을 가진다.

Task를 사용하는 편이 더 일반적이지만 Future를 사용해야 하는 경우도 있다. 예를 들어 익스큐터를 사용할 때는 Task가 **아닌** Future 인스턴스를 반환받는다. Future 인스턴스를 직접 사용하는 간단한 경우를 [예제 3-16]에서 확인해보자.

예제 3-16 Future 인스턴스 다루기

```
>>> import asyncio
>>>
>>> async def main(f: asyncio.Future):    #①
...     await asyncio.sleep(1)
...     f.set_result('I have finished.')    #②
...
>>> loop = asyncio.get_event_loop()
```

```
>>> fut = asyncio.Future()    #③
>>> print(fut.done())    #④
False
>>> loop.create_task(main(fut))    #⑤
<Task pending name='Task-1' coro=<main() running at <console>:1>>
>>> loop.run_until_complete(fut)    ⑥
'I have finished.'
>>> print(fut.done())
True
>>> print(fut.result())    #⑦
I have finished.
```

① 간단한 main 함수를 만들어보자. 이를 실행하고, 잠시 대기하고, Future인 f에 결과를 설정한다.

② 결과를 설정한다.

③ Future 인스턴스를 직접 생성한다. 이 인스턴스는 기본적으로 loop에 연결되지만, 어떠한 코루틴에도 연결되지 않았고 연결되지도 않을 것이라는 점을 유의하자(코루틴과 연결하기 위해서는 Task를 써야 한다).

④ Future 인스턴스가 완료되지 않았는지 확인하자.

⑤ main() 코루틴을 **스케줄링**한다. 동시에 Future 인스턴스를 매개변수로 전달한다. main() 코루틴이 하는 일은 잠깐 자고 일어나서 Future 인스턴스의 상태를 변경하는 것이다(main() 코루틴은 아직 실행되지 않는다. 코루틴은 루프가 동작 중일 때만 실행된다).

⑥ Task 인스턴스가 아닌 Future 인스턴스에 대해 run_until_complete()를 사용한다.[21] 이전에 본 것과는 차이가 있다. 루프가 동작을 시작하면 main() 코루틴이 실행되기 시작할 것이다.

⑦ 결국 Future 인스턴스는 결과가 설정되면 완료된다. 즉, 완료된 후 결과에 접근이 가능하다.

물론 방금 확인한 예제는 교육 목적으로 작성된 것으로 Future를 직접 다룰 일은 거의 없을 것

----

21 이것과 관련하여 문서에 일관성이 없다. 문서에서는 함수의 시그니처를 AbstractEventLoop.run_until_complete(**future**)로 표시하였으나, 사실은 AbstractEventLoop.run_until_complete(**coro_or_future**)로 동작하고 있어 수정해야 한다.

이다. 대부분의 경우 asyncio에서 Task를 사용하게 될 것이다.

Task 인스턴스에 대해 set_result()를 호출하면 어떤 일이 발생하는지 궁금할 수 있다. 파이썬 3.8부터는 가능하지 않다. Task 인스턴스는 코루틴 객체에 대한 래퍼^{wrapper}이고 결과 값 설정은 코루틴 함수 내에서만 가능하다. [예제 3-17]에서 확인할 수 있다.

예제 3-17 Task에 대해 set_result() 메서드 호출하기

```
>>> import asyncio
>>> from contextlib import suppress
>>>
>>> async def main(f: asyncio.Future):
...     await asyncio.sleep(1)
...     try:
...         f.set_result('I have finished.')    #②
...     except RuntimeError as e:
...         print(f'No longer allowed: {e}')
...         f.cancel()    #③
...
>>> loop = asyncio.get_event_loop()
>>> fut = asyncio.Task(asyncio.sleep(1_000_000))    #①
>>> print(fut.done())
False
>>> loop.create_task(main(fut))
<Task pending name='Task-2' coro=<main() running at <console>:1>>
>>> with suppress(asyncio.CancelledError):
...     loop.run_until_complete(fut)
...
No longer allowed: Task does not support set_result operation
>>> print(fut.done())
True
>>> print(fut.cancelled())    #③
True
```

① 유일한 차이점은 Future 인스턴스가 아닌 Task 인스턴스를 생성한 점이다. 물론 Task API에는 코루틴을 전달해야 한다. 예제를 위해 코루틴 내에서 sleep()만 수행하였다.

② Task 인스턴스를 전달한다. Task 인스턴스는 함수의 형 식별자^{type signature}를 만족한다 (Task 클래스가 Future 클래스의 하위 클래스이기 때문이다). 하지만 파이썬 3.8 부터 Task에 대해 set_result()를 호출할 수 없다. 호출해보면 RuntimeError 예외가 발생할

것이다. 이렇게 변경된 이유는 **Task**는 실행 중인 코루틴을 표현하므로, 결과를 해당 코루틴에서만 나타내도록 하기 위함이다.

③ 하지만 여전히 **Task** 취소는 cancel()로 할 수 있다. 호출하면 **Task** 내의 코루틴에서 CancelledError 예외가 발생할 것이다.

3.5.1 Task? Future? 결정하자!

3.1절에서 언급한 바와 같이 asyncio.create_task()를 사용하여 코루틴을 실행할 수 있다. 그런데 이 함수가 도입되기 전에는 코루틴을 실행하는 방법이 두 가지가 있었다. 첫 번째 방법은 loop 인스턴스를 얻은 후 loop.create_task()를 실행한다. 다른 방법은 다른 모듈의 함수인 asyncio.ensure_future()로 코루틴을 실행한다. 어떤 개발자들은 create_task()를 권장했었고, 어떤 개발자들은 ensure_future()를 권장했었다.

이 책을 위한 조사를 진행하면서, asyncio 라이브러리에 대해 만연한 오해의 원인이 API 함수인 asyncio.ensure_future() 때문이라고 확신하게 되었다. 대부분의 API는 정말 명확하지만, 일부 API는 이해하는데 몇 가지 장애물이 있다. 그중 하나가 바로 asyncio.ensure_future()이다. ensure_future()를 접한 뒤, 이를 asyncio에 대한 이해와 합치려 노력하지만 쉽지 않을 것이다.

ensure_future()의 문제는 이제는 유명하지 않은 파이썬 3.6 asyncio 문서[22]에서 다음과 같이 강조하고 있다.

- asyncio.ensure_future(coro_or_future, *, _loop=None)
  코루틴 객체의 실행을 스케줄링한다. → 코루틴 객체는 Future 객체로 감싼다. → Task 객체를 반환한다. → 인수가 Future라면 그대로 반환한다.

처음 이 문구를 읽고 도저히 이해할 수 없었다. 여기 ensure_future()에 대한 좀 더 명확한 설명이 있다.

- 코루틴을 전달하면, Task 인스턴스를 생성할 것이다(그리고, 그 코루틴은 이벤트 루프에 스케줄링한다). 이는 asyncio.create_task()(혹은 loop.create_task())를 호출하면 새 Task를 반환하는 것과 동일하다.

----
22 https://oreil.ly/fnjCs

- Future 인스턴스를 전달한다면(혹은 Task가 Future의 하위 클래스이므로, Task 인스턴스를 전달한다면), **어떠한 변경도 없이 동일한 인스턴스를 반환한다. 사실이다!**

이 함수는 **최종 사용자 개발자**를 대상으로 개발된 asyncio API(고수준$^{high-level}$ API)와 **프레임워크 설계자**를 대상으로 개발된 asyncio API(저수준 API)의 차이를 보여주는 좋은 예이다. [예제 3-18]에서 더 자세히 살펴보자.

예제 3-18 ensure_future() 더 자세히 살펴보기

```python
import asyncio

async def f():    #①
    pass

coro = f()    #②
loop = asyncio.get_event_loop()    #③

task = loop.create_task(coro)    #④
assert isinstance(task, asyncio.Task)    #⑤

new_task = asyncio.ensure_future(coro)    #⑥
assert isinstance(new_task, asyncio.Task)

mystery_meat = asyncio.ensure_future(task)    #⑦
assert mystery_meat is task    #⑧
```

① 예제에서 사용할 아무런 기능도 없는 단순한 코루틴 함수를 만드는 함수

② 함수를 직접 호출하여 코루틴 객체를 생성한다. 이런 방식을 쓸 일은 거의 없으나, 코루틴 객체를 create_task()와 ensure_future()에 전달함을 명시적으로 표현하기 위해 사용했다.

③ 이벤트 루프를 얻는다.

④ 우선 loop.create_task()를 사용하여 코루틴을 이벤트 루프에 스케줄링하고, 새로운 Task 인스턴스를 얻는다.

⑤ 인스턴스의 형을 검사한다. 특별한 건 없다.

⑥ asyncio.ensure_future()를 사용하여 create_task()와 동일한 동작을 수행한다.

코루틴을 전달하고 Task 인스턴스를 전달받는다(그리고 코루틴은 이벤트 루프에 스케줄링 된다). 즉, 코루틴을 전달하는 경우에는 loop.create_task()와 asyncio.ensure_future() 사이에 차이가 없다.

⑦ 하지만 Task 인스턴스를 ensure_future()에 전달하면 어떤 일이 벌어질까? 4번에서 loop.create_task()로 이미 생성한 Task 인스턴스를 전달한다는 점에 유의하자.

⑧ 전달했던 것과 **완전히** 동일한 Task를 반환받는다. 변경 없이 그대로 돌려받는다.

Future 인스턴스를 그대로 돌려주는 것에 어떤 의미가 있는가? 하나의 함수에 두 가지 기능을 넣은 이유는 무엇인가? 답은 ensure_future()가 **프레임워크 설계자**를 대상으로 만들어진 함수라는 점에 있다. 이 함수를 통해 **프레임워크 설계자**가 **최종 사용자 개발자**에게 두 가지 종류의 매개변수를 처리할 수 있는 API를 제공한다. 믿지 못하겠는가? 여기 전-BDFL의 이야기를 보자.[23]

> ensure_future()의 목적은 코루틴 혹은 Future(Task는 Future의 하위 클래스이므로 포함이다)일 수 있는 인스턴스에 대해 Future에만 정의된 메서드를(예시로 cancel()을 들 수 있다) 호출하고 싶은 경우에 대응하는 것이다. 이미 Future(혹은 Task)인 경우 아무런 일도 일어나지 않고, 코루틴인 경우 Task로 감싼다.
>
> 코루틴임이 확실한 인스턴스에 대해 스케줄링하고 싶은 경우에는 create_task()가 적합한 API이다. ensure_future()를 호출해야 하는 유일한 경우는 코루틴 혹은 Future일 수 있는 인스턴스를 받아서 그 인스턴스에 Future로만 할 수 있는 동작을 수행해야 하는 경우뿐이다.
>
> — 귀도 반 로섬Guido van Rossum, 이슈 #477[24]의 댓글

요약하자면 asyncio.ensure_future()는 프레임워크 설계자를 위한 헬퍼helper 함수이다. 훨씬 더 일반적인 종류의 함수에 비유해서 설명하는 편이 더 이해하기 쉬울 수 있다. 몇 년간의 프로그래밍 경험이 있다면 [예제 3-19]의 listify()와 비슷한 함수에 익숙할 것이다.

---

23 옮긴이_ 자비로운 종신독재자(benevolent dictator for life, BDFL)는 주요 오픈 소스의 창시자들을 일컫는 말로 여기서는 파이썬 창시자이자 전 자비로운 종신독재자인 귀도 반 로섬을 일컫는다.

24 https://oreil.ly/cSOFB

```python
def listify(x: Any) -> List:
    """ x를 리스트로 변환합니다. """
    if isinstance(x, (str, bytes)):
        return [x]

    try:
        return [_ for _ in x]
    except TypeError:
        return [x]
```

이 함수는 인수를 리스트로 변환해보는 함수로, 인수로 어떤 것이 전달되든 상관없다. 이런 종류의 함수는 API나 프레임워크에서 흔한 종류로, 입력 값을 익숙한 형으로 변환하여 이후의 코드를 단순화할 수 있게 해준다. 이 예제의 경우라면 listify()의 반환 값은 언제나 리스트일 것이다.

listify()의 이름을 ensure_list()로 바꿔보면 asyncio.ensure_future()와 흡사하다는 점을 깨달을 수 있다. 인수를 언제나 Future(혹은 Future의 하위 클래스) 형으로 변환한다. **프레임워크 설계자**의 삶을 편하게 해주는 유틸리티 함수로 최종 사용자 개발자를 위한 함수는 아니다.

실제로 asyncio 표준 라이브러리 모듈도 ensure_future()를 동일한 목적으로 사용한다. API 확인 중에 'awaitable 객체'로 설명되고 있는 함수의 매개변수를 발견한다면, 매개변수를 변환하기 위해 내부적으로 ensure_future()를 사용하고 있을 가능성이 높다. 예를 들어 asyncio.gather() 함수의 경우 다음과 같은 시그니처 signature를 가진다.

```python
asyncio.gather(*aws, loop=None, ...)
```

aws 매개변수는 'awaitable 객체'로 코루틴, 태스크, 퓨처를 일컫는다. 내부적으로 gather()는 형 변환을 위해 ensure_future()를 사용한다. 태스크와 퓨처의 경우 유지되고, 코루틴의 경우 태스크를 생성한다.

여기서 핵심은 최종 사용자 개발자라면 asyncio.ensure_future()는 프레임 워크 설계자를 위한 도구이므로 사용할 필요가 없다는 점이다. 이벤트 루프에 코루틴을 스케줄링하고 싶다면, asyncio.create_task()를 직접 호출해야 한다.

다음 몇 개의 절에서는 언어 수준의 기능으로 돌아가, 비동기 콘텍스트 관리자부터 살펴보겠다.

3.6 비동기 콘텍스트 관리자들: async with

네트워크 연결과 같은 네트워크 자원의 생명주기를 적절히 정의한 범위 내에서 관리하고자 할 경우[25] 콘텍스트 관리자의 코루틴 지원은 대단히 편리하고 큰 도움이 된다.

async with를 이해하기 위해서는 콘텍스트 관리자의 동작이 **메서드 호출**로 이루어진다는 점을 깨달아야 한다. 그러면 그 메서드들이 코루틴 함수라면 어떨까? 실제 작동 방식을 [예제 3-20]에서 확인하자.

예제 3-20 비동기 콘텍스트 관리자

```
class Connection:
    def __init__(self, host, port):
        self.host = host
        self.port = port
    async def __aenter__(self):    #①
        self.conn = await get_conn(self.host, self.port)
        return conn
    async def __aexit__(self, exc_type, exc, tb):    #②
        await self.conn.close()

async with Connection('localhost', 9001) as conn:
    <conn으로 무언가를 한다>
```

① 동기synchronous 콘텍스트 관리자를 위한 특별 메서드인 __enter__() 대신, __aenter__()라는 새로운 특별 메서드를 사용한다. 이 특별 메서드는 async def 메서드로 정의해야 한다.

② 마찬가지로, __exit__() 대신에 __aexit__()를 사용한다. 매개변수는 __exit__()와 동일하고, 콘텍스트 관리자의 본문[26]에서 예외가 발생하는 경우 호출된다.

---

25 옮긴이_ 하나의 스택 수준 내에서 네트워크 연결을 열고 닫아, 누출을 방지함.
26 옮긴이_ async with 아래의 부분

그런데 필자는 이렇게 콘텍스트 관리자를 명시하는 방식을 선호하지 않고, 표준 라이브러리의 contextlib 모듈에 있는 멋진 @contextmanager 데커레이터를 선호한다. 비동기 버전인 @asynccontextmanager도 존재하므로, 훨씬 쉽게 비동기 콘텍스트 관리자를 생성할 수 있다.

3.6.1 The contextlib 방식

이 방식은 contextlib 표준 라이브러리의 @contextmanager 데커레이터와 유사하다. 우선 [예제 3-21]에서 블로킹 방식을 먼저 살펴보자.

예제 3-21 블로킹 방식

```
from contextlib import contextmanager

@contextmanager    #①
def web_page(url):
    data = download_webpage(url)    #②
    yield data
    update_stats(url)    #③

with web_page('google.com') as data:    #④
    process(data)    #⑤
```

① @contextmanager 데커레이터는 제너레이터 함수를 콘텍스트 관리자로 변환한다.

② 이 함수 호출은 네트워크 인터페이스를 사용하는 것으로, 이 예제를 위해 만든 것이다 (보통 네트워크 인터페이스를 사용하는 함수는 '일반적인' CPU 위주 코드보다 훨씬 느리다). 따라서, 이 콘텍스트 관리자는 전용 스레드에서 **사용해야 한다**. 그렇지 않으면 데이터를 전달받을 때까지 전체 프로그램이 일시 중지될 것이다.

③ URL을 통해 전달받은 데이터를 처리할 때마다 다운로드 회수와 같은 통계를 갱신해야 한다고 가정해보자. 병행성 관점에서, 이 함수가 네트워크로 데이터베이스를 갱신하는 것과

같은 I/O 동작을 내부적으로 포함하고 있는지 확인해야 한다. 만약 그런 I/O 동작을 포함한다면, update_stats()도 블로킹 호출이기 때문이다.

④ 콘텍스트 관리자를 사용한다. 콘텍스트 관리자 생성 과정에 네트워크 호출(download_webpage() 호출)이 숨겨져 있다는 점에 특히 유의하자.

⑤ 이 process()라는 함수 호출도 블로킹일 수 있다. 함수의 기능이 블로킹인지 논블로킹인지 명확히 구분하기 쉽지 않으므로, 함수의 기능을 면밀히 살펴봐야 한다. 함수의 기능은 다음과 같이 나눠볼 수 있다.

- 무해하고 논블로킹(빠르고 CPU 위주)
- 약간의 블로킹(빠르고 I/O 위주. 네트워크 I/O가 아닌 빠른 디스크 접근 I/O)
- 블로킹(느리고 I/O 위주)
- 미칠 듯이 느림(느리고 CPU 위주)

이 예제를 단순화 하기 위해, process() 함수는 빠르고 CPU 위주의 동작으로 논블로킹인 것으로 가정한다. [예제 3-22]에서 동일한 내용에 대해 파이썬 3.7에서 도입된 비동기 명령어를 사용해보았다.

예제 3-22 논블로킹 방식

```
from contextlib import asynccontextmanager

@asynccontextmanager      #①
async def web_page(url):      #②
    data = await download_webpage(url)      #③
    yield data      #④
    await update_stats(url)      #⑤

async with web_page('google.com') as data:      #⑥
    process(data)
```

① 새로운 @asynccontextmanager 데커레이터를 같은 방식으로 사용한다.

② 하지만 데커레이터를 붙인 제너레이터 함수를 async def로 선언해야 한다.

③ 전의 예제와 같이, 우선 URL을 통해 데이터를 받아온 후, 콘텍스트 관리자의 본문에서

해당 데이터를 사용한다. `await` 키워드를 추가하여 이 코루틴에서 네트워크 호출이 완료될 때까지 대기하는 동안 이벤트 루프에서 다른 태스크를 처리할 수 있도록 하였다.

하지만 단순히 `await` 키워드를 아무 곳에나 덧붙여서는 **안 된다**는 점에 유의하자. 이렇게 수정하기 위해서는, 우선 `download_webpage()` 함수를 **직접 수정하여** 코루틴을 반환하도록 변경함으로써 `await`를 사용할 수 있도록 해야 한다. 함수를 직접 수정할 수 없는 경우에는 다른 방식을 적용해야 한다. 다음 예제에서 확인하자.

④ 이전 예제와 같이, 콘텍스트 관리자의 본문에서 데이터를 사용할 수 있다. 코드를 간결하게 유지하기 위해, 본문에서 발생하는 예외를 처리하기 위한 용도의 일반적인 `try/finally` 처리기^{handler}는 생략하였다. `yield`가 함수 내에 있음으로 함수는 **제너레이터 함수**가 된다. 거기에 더해 `async def` 키워드를 사용함으로써 함수는 **비동기 제너레이터**^{asynchronous generator} **함수**가 된다. 이렇게 함수를 비동기 제너레이터 함수로 만들고, 함수를 호출하면 **비동기 제너레이터**를 반환한다. `inspect` 모듈에는 비동기 제너레이터 함수와 비동기 제너레이터를 검사하기 위한 `isasyncgenfunction()`과 `isasyncgen()`이 있다.

⑤ 우선 `update_stats()` 함수를 수정하여 코루틴을 반환하도록 수정했다고 가정하자. 그리고 `await` 키워드를 사용하여, I/O 위주 작업이 완료될 때까지 대기하며 이벤트 루프에서 콘텍스트 전환이 일어날 수 있도록 허용한다.

⑥ 콘텍스트 관리자 자체의 용법도 변경해야 한다. 일반 `with` 대신에 `async with`를 사용해야 한다.

다행스럽게도 이 예제에서 새로운 `@asynccontextmanager`는 `@contextmanager` 데커레이터와 완벽하게 동일한 방식으로 사용할 수 있음을 확인하였다.

3번과 5번에서 일부 함수에서 코루틴을 반환하도록 변경해야 한다고 했었다. `download_webpage()`와 `update_stats()`이다. 이는 비동기 처리를 추가하기 위해 소켓을 다루는 코드까지 수정해야 하기 때문에 보통 쉽지 않다. 직전의 예제는 새로운 `@asynccontextmanager` 데커레이터 소개만을 위한 것이라 블로킹 함수를 논블로킹 함수로 수정하는 방법은 포함하지 않았다. 그런데 일반적으로 프로그램에서 사용 중인 블로킹 함수의 내부 코드를 수정할 수 없는 경우가 더 많다.

특히 서드파티 라이브러리를 사용할 때 흔히 일어나는 일의 훌륭한 예로 라이브러리 전체에 걸쳐 블로킹 호출을 사용하는 **requests** 라이브러리가 있다.[27] 코드를 수정할 수 없는 경우를 위해 **익스큐터**를 사용하는 방법으로 [예제 3-23]에서 확인하자.

예제 3-23 익스큐터를 활용한 논블로킹 방식

```
from contextlib import asynccontextmanager

@asynccontextmanager
async def web_page(url):  #①
    loop = asyncio.get_event_loop()
    data = await loop.run_in_executor(
        None, download_webpage, url)  #②
    yield data
    await loop.run_in_executor(None, update_stats, url)  #③

async with web_page('google.com') as data:
    process(data)
```

① 이번 예제에서 2개의 블로킹 함수인 download_webpage()와 update_stats()의 코드를 **수정할 수 없다**고 가정하자. 즉, 코루틴을 반환하도록 수정할 수 없다는 것이다. 이벤트 기반 프로그래밍에 있어 최악은 어떤 경우라 하더라도 이벤트 루프가 이벤트를 처리하지 못하고 블로킹 상태에 머물도록 하는 짓이므로 참으로 난감한 상황이 아닐 수 없다.

이 문제를 해결하는 방법은 별도의 스레드에서 **익스큐터**로 블로킹 호출을 하는 것이다. 익스큐터는 이벤트 루프의 속성으로 사용할 수 있다.

② 익스큐터를 호출한다. 호출한 함수의 시그니처는 AbstractEventLoop.run_in_executor(executor, func, *args)이다. 기본 익스큐터(ThreadPoolExecutor 클래스이다)를 사용하려면, executor 인수로 None을 전달하면 된다.[28]

③ download_webpage()를 호출하는 부분과 마찬가지로 update_stats()도 익스큐터를 통해 블로킹으로 호출한다. 여기서 **await** 키워드를 가장 앞에 추가해야 함을 잊어서는 **안 된다**. 잊을 경우, 비동기 제너레이터(여기서는 여러분의 비동기 콘텍스트 관리자에 해당한

---

27 기존 프레임워크에 비동기 지원 기능을 추가하려면 코드의 구조를 크게 바꿔야 하기 때문에 어렵다. requests에 대한 깃허브 이슈에서 이에 대한 논의를 확인할 수 있다.

28 그렇다. 정말 짜증 나는 방식이다. 함수를 호출할 때마다 왜 키워드 인수로 executor=None을 사용하지 않은 것인지 정말 궁금하다는 생각이 든다.

다)는 호출이 완료될 때까지 대기하지 않을 것이다.

비동기 콘텍스트 관리자는 많은 asyncio 기반 코드에서 사용되므로, 깊이 이해하고 있어야 한다. 새로운 @asynccontextmanager 데커레이터에 대한 더 상세한 정보를 파이썬 3.7 문서[29]에서 확인할 수 있다.

3.7 비동기 이터레이터 async for

다음으로 for 루프의 비동기 버전을 살펴보자. 파이썬 언어의 다른 기능들과 마찬가지로, 반복 ^{iteration}도 **특별 메서드**(이름에 2개의 밑줄^{underscore}을 포함한다)를 통해 구현되어 있다는 점을 이해하면 비동기 버전도 쉽게 이해할 수 있다.

참고 삼아, [예제 3-24]에서 일반적(동기) 이터레이터를 __iter__()와 __next__() 메서드로 정의하였다.

예제 3-24 비동기 아닌 전통적인 이터레이터

```
>>> class A:
...     def __iter__(self):    #①
...         self.x = 0    #②
...         return self    #③
...     def __next__(self):    #④
...         if self.x > 2:
...             raise StopIteration    #⑤
...         else:
...             self.x += 1
...             return self.x    #⑥
>>> for i in A():
...     print(i)
1
2
3
```

----

29 http://bit.ly/2FoWl9f

① **이터레이터**는 __iter__()라는 특별 메서드를 구현해야 한다.

② 몇 가지 상태를 '시작' 상태로 초기화한다.

③ __iter__() 특별 메서드는 **iterable**을 반환해야 한다. iterable은 __next__() 특별 메서드를 구현한 객체이다. 이번 예제에서는 A 자체에서 __next__() 특별 메서드도 구현하여 하나의 인스턴스로 처리한다.

④ __next__() 메서드를 정의한다. __next__()는 반복의 모든 단계에서 StopIteration이 발생할 때까지 호출될 것이다. 언제까지냐 하면...

⑤ StopIteration를 발생할 때까지다.

⑥ 반복의 각 단계에서 **반환 값**을 생성한다.

여기서 의문점이 있을 수 있다. 만약 __next__() 특별 메서드를 async def 코루틴 함수로 선언하면 어떤 일이 일어날까? 그렇게 선언하면 몇 가지 I/O 위주 동작에 대해 **await**할 수 있다. 이름을 제외하면 바로 이 방식이 async for가 동작하는 방식이다. 비동기 이터레이터[asynchronous iterator]에 대해 async for를 사용하려 할 경우 비동기 이터레이터에서 지켜져야 하는 사항을 언어 명세(PEP 492)에서 정의하고 있다.

1 def __aiter__()를 구현해야 한다(유의: async def가 아니다).

2 __aiter__()는 async def __anext__()를 구현한 객체를 반환해야 한다.

3 __anext__()는 반복의 각 단계에 대한 값을 반환하고, 반복이 끝나면 StopAsyncIteration을 발생시켜야 한다.

어떻게 동작하는지 간단히 살펴보자. 레디스[Redis][30] 데이터베이스에서 여러 개의 키에 대해 반복을 수행하여 데이터를 확인할 때, 각 데이터를 요청 시점에[on demand] 가져오려 한다고 하자. 비동기 이터레이터는 [예제 3-25]에서 확인하자.

예제 3-25 레디스에서 데이터를 가져오는 비동기 이터레이터

```
import asyncio
from aioredis import create_redis
```

---

30 https://redis.io/

```python
async def main():    #①
    redis = await create_redis(('localhost', 6379))    #②
    keys = ['Americas', 'Africa', 'Europe', 'Asia']    #③

    async for value in OneAtATime(redis, keys):    #④
        await do_something_with(value)    #⑤

class OneAtATime:
    def __init__(self, redis, keys):    #⑥
        self.redis = redis
        self.keys = keys
    def __aiter__(self):    #⑦
        self.ikeys = iter(self.keys)
        return self
    async def __anext__(self):    #⑧
        try:
            k = next(self.ikeys)    #⑨
        except StopIteration:    #⑩
            raise StopAsyncIteration

        value = await self.redis.get(k)    #⑪
        return value

asyncio.run(main())
```

① main() 함수는 예제 코드 가장 아래에 있는 asyncio.run()을 통해 실행한다.

② 레디스 데이터베이스와 연결하기 위해 aioredis 라이브러리의 고수준 인터페이스를 사용한다.

③ 키의 개수와 각 키에 연관된 값의 개수가 대량이고, 모두 레디스에 저장되어 있다고 가정하자.

④ async for를 사용한다. 중요한 점은 **반복** 중에 다음 데이터를 얻기 전까지 **반복 자체를 일시 정지할 수 있다**는 점이다.

⑤ 레디스에서 얻은 데이터에 대해 어떤 I/O 위주 동작을 수행한다고 가정하자. I/O 위주 동작으로 간단히 데이터를 변환하고 다른 목적지에 전달하는 동작을 생각해볼 수 있다.

⑥ 이 클래스의 초기자^{initializer}는 아주 일반적이다. 레디스 연결 인스턴스와 키값 목록을 저장한다.

⑦ 직전의 예제에서 `__iter__()`를 사용한 것과 마찬가지로, `__aiter__()`를 사용하여 반복을 수행하기 위한 준비 작업을 한다. 키 목록으로 일반적인 이터레이터인 `self.ikeys`를 만들고, `OneAtATime` 클래스에서 `__anext__()` 코루틴 메서드를 구현하므로 `return self`를 수행한다.

⑧ `__aiter__()` 메서드는 `def`로 선언하였으나, `__anext__()`는 `async def`로 선언한다는 점에 유의하자.

⑨ 각 키에 대해서 레디스에서 값을 가져온다. `self.ikeys`는 키 목록에 대한 일반적인 이터레이터이므로, `next()`를 호출하여 다음 키로 넘어간다.

⑩ `self.ikeys`를 소모하여 `StopIteration`이 발생하면 `StopAsyncIteration`으로 전환한다! 이것이 비동기 이터레이터 내에서 정지 신호를 발생시키는 방법이다.

⑪ 마지막으로 키에 연관된 데이터를 레디스에서 가져올 수 있다. 데이터를 가져오는 작업이 완료될 때까지 **await**하여, 네트워크 I/O 동작이 완료되길 기다리는 동안 이벤트 루프에서 다른 동작이 수행되도록 할 수 있다.

이 예가 명확히 이해되었기를 바란다. `async for`를 통해 `for` 루프의 편의성은 유지하면서, 데이터를 가져오는 I/O를 반복 수행하는 동작은 비동기로 처리할 수 있다. 각각의 데이터 처리를 간단하게 유지할 수 있다면, 하나의 이벤트 루프만으로 엄청난 양의 데이터를 처리할 수 있다.

3.8 비동기 제너레이터를 사용한 더 간단한 코드

비동기 제너레이터는 `async def` 함수로 내부에 `yield` 키워드를 포함한다. 그로 인해 비동기 제너레이터의 코드는 더 간단해진다.

하지만 제너레이터를 코루틴처럼 사용해왔다면 헷갈리는 부분이 있을 수 있다. 예를 들면 트위스티드[Twisted] 프레임워크, 토네이도[Tornado] 프레임워크 혹은 파이썬 3.4의 `asyncio`의 `yield from`을 사용할 때 그런 경험이 있을 수 있다. 따라서, 다음으로 넘어가기 전에 아래 사항을 확인하자.

- 코루틴과 제너레이터는 완전히 다른 개념이다.
- 비동기 제너레이터는 일반 제너레이터와 매우 유사하게 작동한다.
- 반복 수행 시, 일반 제너레이터에 대해서는 평범한 for를 사용하는 반면에 비동기 제너레이터에 대해서는 async for를 사용한다.

직전 절의 예제에서 보인 레디스와의 통신을 위한 비동기 이터레이터 사용 코드를 비동기 제너레이터로 더 간단히 바꾸면 [예제 3-26]과 같다.

예제 3-26 비동기 제너레이터로 더 간단히

```
import asyncio
from aioredis import create_redis

async def main():    #①
    redis = await create_redis(('localhost', 6379))
    keys = ['Americas', 'Africa', 'Europe', 'Asia']

    async for value in one_at_a_time(redis, keys):    #②
        await do_something_with(value)

async def one_at_a_time(redis, keys):    #③
    for k in keys:
        value = await redis.get(k)    #④
        yield value    #⑤

asyncio.run(main())
```

① main() 함수는 [예제 3-25]에서와 동일하다.

② 또한 거의 동일하다. 이름만 **캐멀 표기법(Camelcase)**에서 **스네이크 표기법(Snakecase)**으로 바꼈다.

③ 함수를 async def로 선언하여 **코루틴 함수**로 수정한다. 또한 함수에 yield 키워드를 포함하여 **비동기 제너레이터 함수**로 수정한다.

④ 직전의 예제에서 self.ikeys로 처리했던 부분이 지금은 필요 없다. 키를 직접 전달하고 값을 받는다.

⑤ 일반적 제너레이터와 같이 호출자에게 값을 전달한다.

처음 보는 형태의 코드라면 복잡해 보일 수 있으나, 몇 가지 예제 코드를 통해 익숙해져야 한다. 금방 익숙해질 것이다. 비동기 제너레이터는 일반적 제너레이터와 마찬가지로 코드를 짧고 간단하게 만들어주기 때문에, asyncio 기반 코드에서 많이 쓰인다.

3.9 비동기 컴프리헨션

지금까지 파이썬에서 비동기 반복을 어떻게 지원하는지 살펴보았다. 이제 다음 질문은 자연스럽게 리스트 컴프리헨션list comprehension에서도 비동기 방식을 도입할 수 있는가가 될 것이다. 답은 **그렇다**이다. 'PEP 530'[31]에서 도입되었는데 짧고 읽을 만하므로 PEP를 직접 확인하길 권장한다. [예제 3-27]에서 비동기 컴프리헨션을 어떻게 사용하는지 확인하자.

예제 3-27 리스트, 딕셔너리, 집합에 대한 비동기 컴프리헨션

```
>>> import asyncio
>>>
>>> async def doubler(n):
...     for i in range(n):
...         yield i, i * 2   #①
...         await asyncio.sleep(0.1)   #②
...
>>> async def main():
...     result = [x async for x in doubler(3)]   #③
...     print(result)
...     result = {x: y async for x, y in doubler(3)}   #④
...     print(result)
...     result = {x async for x in doubler(3)}   #⑤
...     print(result)
...
>>> asyncio.run(main())
[(0, 0), (1, 2), (2, 4)]
{0: 0, 1: 2, 2: 4}
{(2, 4), (1, 2), (0, 0)}
```

① doubler()는 매우 단순한 비동기 제너레이터이다. 상한 값이 주어지면 간단한 범위 내

---

31 https://oreil.ly/4qNoH

에서 반복하며 두 배의 값으로 이루어진 튜플tuple을 전달yield한다.

② 잠시 sleep을 수행하도록 해서 비동기 함수임을 강조하였다.

③ 비동기 리스트 컴프리헨션: 일반적인 for 대신 async for를 어떻게 사용하는지에 유의하자. 3.7절에서 확인했던 내용과 비슷한 내용이다.

④ 비동기 딕셔너리 컴프리헨션: 튜플에서 x와 y를 추출하여 입력하는 일반적인 딕셔너리 컴프리헨션 기법을 그대로 사용할 수 있다.

⑤ 비동기 집합 컴프리헨션: 일반적인 집합 컴프리헨션과 동일하게 작동한다.

'PEP 530'에서 설명된 대로, 컴프리헨션 내에서 await를 사용할 수 있다. 당연하게도 await coro는 일반적인 표현이기 때문에 대부분의 코드에서 사용할 수 있다.

컴프리헨션을 **비동기 컴프리헨션**으로 만드는 것은 async for이지, await는 아니다. await 를 컴프리헨션 내에서 사용하는 경우는 코루틴 함수의 본문 내에서 사용할 때뿐이고 실제론 async def로 선언된 함수 내에서 사용해야 한다. await와 async for를 하나의 리스트 컴프 리헨션 내에서 사용하는 경우는 단지 두 가지 별개의 기능을 같이 쓴 것뿐이다. 비동기 문법에 익숙해질 수 있도록 [예제 3-28]에서 두 가지를 모두 사용해보겠다.

예제 3-28 모두 합쳐보자

```
>>> import asyncio
>>>
>>> async def f(x):    #①
...     await asyncio.sleep(0.1)
...     return x + 100
...
>>> async def factory(n):    #②
...     for x in range(n):
...         await asyncio.sleep(0.1)
...         yield f, x    #③
...
>>> async def main():
...     results = [await f(x) async for f, x in factory(3)]    #④
...     print('results = ', results)
...
```

```
>>> asyncio.run(main())
results = [100, 101, 102]
```

① 간단한 코루틴 함수: 잠시 sleep을 수행 후, 매개변수에 100을 더하여 반환한다.

② 이것은 **비동기 제너레이터**로, async for를 통해 수행하는 비동기 리스트 컴프리헨션 내에서 호출된다.

③ 비동기 제너레이터는 f와 반복 변수 x의 튜플을 전달한다. 반환 값 f는 **코루틴 함수**로 아직 코루틴은 아니다.

④ 마지막으로 비동기 컴프리헨션이다. 이번 예제에서는 async for와 await **둘 다** 포함하는 컴프리헨션을 보여주려 하였다. 컴프리헨션을 살펴보자. 우선 factory(3)을 호출하고 비동기 제너레이터를 반환받는다. **비동기** 제너레이터이므로 반드시 for가 아닌 async for를 사용해야 한다.

비동기 제너레이터에서 생성된 값은 코루틴 함수 f와 int 값으로 이루어진 튜플이다. 코루틴 함수 f()를 호출하여 코루틴을 생성하고, 생성된 코루틴은 await를 사용하여 호출한다.

컴프리헨션 내에서 await의 사용 목적이 async for와 완전히 무관하다는 점에 유의해야 한다. 완전히 다른 목적으로 사용하였고, 완전히 다른 객체에 대해 작동하고 있다.

3.10 시작과 종료(부드럽게!)

대부분의 비동기 기반 프로그램은 수명이 긴long-lived 네트워크 기반 애플리케이션이다. 이런 종류의 프로그램은 올바르게 시작startup하고 종료shutdown하려면 상당히 복잡한 처리가 필요하다.

둘 중 시작이 좀 더 간단하다. asyncio 애플리케이션을 시작하는 일반적인 방법은 main() 코루틴 함수를 정의하고 asyncio.run()으로 실행하는 것이다. 이번 장의 앞 부분에 있는 [예제 3-2]에서 확인할 수 있다.

일반적으로 시작은 코드 진행 순서가 일방향이다. 앞서 설명한 서버 프로그램은 문서[32]에서 상

---

32 http://bit.ly/2FrKaIV

세히 확인할 수 있고, 이번 예제에서는 서버 프로그램의 시작에 대해 간략히 살펴보겠다.

시작에 비해 종료는 훨씬 복잡하다. 앞서 asyncio.run() 내부 동작은 확인했었는데, async def main() 함수 종료 시 asyncio.run() 내에서 실행되는 동작은 다음과 같다.

1 아직 보류 중인 태스크 객체를 모두 수집한다.

2 이 태스크들을 모두 취소한다(취소하면 각각의 실행 중인 코루틴 내에서 CancelledError가 발생하는데, 코루틴 함수의 본문에서 try/except로 처리할지 말지 선택할 수 있다).

3 태스크 모두를 **그룹** 태스크로 수집한다.

4 그룹 태스크에 대해 run_until_complete()를 사용하여 모든 태스크가 완료되기까지 대기한다. 종료되기까지 대기한다는 의미는 대기 중인 태스크에 발생한 CancelledError 예외가 처리되기까지 대기한다는 의미이다.

asyncio.run()이 이런 동작을 수행하여 종료 처리에 도움을 주지만, 처음으로 asyncio 애플리케이션을 개발해보면 대부분 종료 시 'Task was destroyed but it is pending'과 같은 오류 메시지가 발생하여 이를 처리하는 데 많은 시간을 소모할 수밖에 없다. 이는 애플리케이션에서 앞서 설명한 단계 중 하나 이상을 처리하지 않았기 때문이다. [예제 3-29]는 바로 이런 짜증나는 오류의 예제다.

예제 3-29 보류 중인 태스크의 제거자

```python
# taskwarning.py
import asyncio

async def f(delay):
    await asyncio.sleep(delay)

loop = asyncio.get_event_loop()
t1 = loop.create_task(f(1))    #①
t2 = loop.create_task(f(2))    #②
loop.run_until_complete(t1)    #③
loop.close()
```

① 태스크 1은 1초간 실행된다.

② 태스크 2는 2초간 실행된다.

③ 태스크 1이 완료될 때까지만 프로그램을 실행한다.

이 코드를 실행하면 다음과 같은 출력을 확인할 수 있다.

```
$ python taskwarning.py
Task was destroyed but it is pending!
task: <Task pending coro=<f() done, defined at [...snip...]>
```

이 오류는 이벤트 루프의 종료close 시도 시 이벤트 루프 내의 태스크 중 일부가 아직 완료되지 않았기 때문에 발생한다. 이를 해결하기 위해 종료 절차를 다음과 같이 관례화하도록 하자. 종료하지 않은 태스크를 모아서, 모든 태스크에 cancel 메서드를 호출하고, 이벤트 루프가 종료하기 **전** 모든 태스크가 종료할 때까지 대기한다. asyncio.run()에서는 이 절차를 대신 실행해주지만, 복잡한 상황이 발생했을 때 처리할 수 있으려면 이 절차를 상세히 파악하고 있어야 한다.

모든 절차를 포함하는 상세한 예제를 살펴보자. [예제 3-30]은 텔넷 기반의 에코 서버 사례이다.

예제 3-30 비동기 애플리케이션의 생명주기(파이썬 문서에 있는 TCP 에코 서버를 기반으로)

```python
# telnetdemo.py
import asyncio
from asyncio import StreamReader, StreamWriter

async def echo(reader: StreamReader, writer: StreamWriter):    #①
    print('New connection.')
    try:
        while data := await reader.readline():    #②
            writer.write(data.upper())    #③
            await writer.drain()
        print('Leaving Connection.')
    except asyncio.CancelledError:    #④
        print('Connection dropped!')

async def main(host='127.0.0.1', port=8888):
    server = await asyncio.start_server(echo, host, port)    #⑤
    async with server:
        await server.serve_forever()

try:
    asyncio.run(main())
except KeyboardInterrupt:
    print('Bye!')
```

① 서버 프로그램에서 echo() 코루틴 함수를 사용하여 각각의 네트워크 연결에 대한 코루틴을 생성한다. 네트워크 동작을 처리하기 위해 asyncio의 Streams API를 사용하였다.

② 네트워크 연결을 유지하기 위해 데이터를 기다리는 무한 루프를 사용한다.

③ 모든 글자를 대문자로 전환하여 송신 측에 되돌려준다.

④ 이 태스크가 **취소**되면 메시지를 출력한다.

⑤ TCP 서버를 시작하는 코드는 파이썬 3.8 문서에서 가져온 것이다.

에코 서버를 시작한 후, 텔넷으로 연결하고 상호작용할 수 있다.

```
$ telnet 127.0.0.1 8888
Trying 127.0.0.1...
Connected to 127.0.0.1.
Escape character is '^]'.
hi!
HI!
stop shouting
STOP SHOUTING
^]
telnet> q/
Connection closed.
```

해당 세션에 대한 서버 출력은 다음과 같다(Ctrl-C를 누를 때까지 서버는 계속 실행된다).

```
$ python telnetdemo.py
New connection.
Leaving Connection.
^CBye!
```

방금 확인한 텔넷 세션에서는 서버가 중지되기 전에 클라이언트에서 네트워크 연결을 닫았다. 네트워크 연결이 살아있는^{active} 상태에서 서버를 종료하면 어떤 일이 일어나는지 확인하자. 서버에서 다음과 같은 출력을 확인할 수 있다.

```
$ python telnetdemo.py
New connection.
```

```
^CConnection dropped!
Bye!
```

이 출력에서 CancelledError에 대한 예외 처리기가 트리거^{trigger}되었음을 확인할 수 있다. 실제 상용 애플리케이션이라고 가정하자. 네트워크 연결이 끊기면 모니터링 서비스로 모든 이벤트에 대한 정보를 전달한다고 하자. 다음의 [예제 3-31]과 같이 수정하면 된다.

예제 3-31 취소 처리기 내에서 태스크 생성하기

```python
# telnetdemo.py
import asyncio
from asyncio import StreamReader, StreamWriter

async def send_event(msg: str):      #①
    await asyncio.sleep(1)

async def echo(reader: StreamReader, writer: StreamWriter):
    print('New connection.')
    try:
        while (data := await reader.readline()):
            writer.write(data.upper())
            await writer.drain()
        print('Leaving Connection.')
    except asyncio.CancelledError:
        msg = 'Connection dropped!'
        print(msg)
        asyncio.create_task(send_event(msg))    #②

async def main(host='127.0.0.1', port=8888):
    server = await asyncio.start_server(echo, host, port)
    async with server:
        await server.serve_forever()

try:
    asyncio.run(main())
except KeyboardInterrupt:
    print('Bye!')
```

① 이 코루틴이 외부 서버에 이벤트 알림을 실제로 전달한다고 가정하자.

② 이벤트 알림을 위해서는 네트워크 접속이 필요하므로, 별도의 비동기 태스크에서 호출을 수행한다. 이를 위해 여기서 create_task() 함수를 사용한다.

하지만 이 코드에는 버그가 있다. 예제를 실행하고 연결이 살아있는 상태에서 Ctrl—C로 서버를 종료하면 다음과 같은 출력을 확인할 수 있다.

```
$ python telnetdemo.py
New connection.
^CConnection dropped!
Bye!
Task was destroyed but it is pending!
task: <Task pending name='Task-6' coro=<send_event() done, ...>
```

왜 이런 일이 발생하는지 이해하기 위해, 종료 단계에서 asyncio.run()이 수행하는 정리 cleanup 절차를 다시 생각해봐야 한다. 특히 주의해야 할 부분은 바로 Ctrl—C를 눌렀을 때 **현재** 진행 중인 모든 태스크를 수집하고 취소하는 부분이다. 이 부분 때문에 **현재 진행 중인 태스크**들만 await하고, 그 태스크들에 대한 await가 종료되면 asyncio.run()은 즉시 반환return한다. 수정된 코드의 버그는 'echo' 태스크 취소 처리기task cancellation handler 내의 **새로운** 태스크에서 발생한다. 이 새 태스크는 asyncio.run()이 살아있는 태스크를 수집하고 취소한 후에 생성된다. 이러한 버그를 피하기 위해 asyncio.run()이 어떻게 작동하는지 명확히 이해해야 한다.

> **TIP** 필자의 경험에 따르면, CancelledError 예외 처리기 내에서 새로운 태스크를 생성해서는 안 된다. 꼭 생성할 수밖에 없다면, 동일 함수의 범위 내에서 새로운 태스크나 퓨처에 대해서도 await해야 한다.

마지막으로, 라이브러리나 프레임워크 사용 시 문서의 시작과 종료에 대한 가이드를 반드시 따라야 한다. 서드파티 프레임워크의 경우 보통 시작과 종료에 대한 자체 함수를 제공하고, 사용자화customization를 위한 이벤트 후크event hook 기능을 지원한다. 4.6.1절에서 Sanic 프레임워크의 이벤트 후크에 대한 예제를 확인할 것이다.

3.10.1 gather() 내의 return_exceptions=True

[예제 3–3]의 종료 절차 중 gather() 호출 시 키워드 인수 return_exceptions=True를 사용했었다. 상세한 설명을 하지 않았었는데, asyncio.run() 내부에서 gather()와 return_ exceptions=True를 사용하므로 지금부터 상세히 설명하겠다.

안타깝게도 기본값은 gather(..., return_exceptions=False)이다. 대부분의 경우 이 기본값은 적합하지 않다. 설명만으로는 이해하기 어려운 부분이 있으므로 단계를 분리하여 살펴보자.

1 run_until_complete()는 퓨처에 대해 작동한다. 종료 절차를 작성할 때는 gather()에서 반환하는 퓨처를 run_until_complete()에 전달한다.

2 gather()에서 반환받아 run_until_complete()에 전달한 퓨처에서 예외가 발생한다면 예외를 run_until_complete()의 범위 밖으로 전달하고 이벤트 루프는 중지된다.

3 run_until_complete()를 그룹 퓨처group future에 사용하는 경우, 그룹 퓨처의 **하위 퓨처 중 하나라도** 내부에서 예외가 발생하고 해당 하위 퓨처 내부에서 그 예외를 처리하지 못하면 '그룹' 퓨처 자체의 예외가 발생한 것이 된다. 여기에는 CancelledError도 포함된다.

4 일부 태스크만 CancelledError를 처리하고 나머지는 처리하지 않는다면, 처리하지 않은 태스크들로 인해 모든 태스크가 **종료되기 전에** 이벤트 루프가 중지된다.

5 종료 절차 작성 중에 이러한 문제가 발생해서는 안 된다. 그룹 태스크의 일부 하위 태스크가 예외를 발생시키더라도 모든 하위 태스크가 모두 종료한 뒤에 run_until_complete()가 반환되어야 한다.

6 그래서 gather(*, return_exceptions=True)가 존재한다. 이 설정을 통해 '그룹' 퓨처가 하위 태스크의 예외를 **반환 값으로** 처리하도록 하여 run_until_complete()가 중지되지 않도록 한다.

그런 이유에서 return_exceptions=True와 run_until_complete()를 같이 써야 한다. 그런데 이 방식을 사용하면 예외를 반환 값으로 처리하기 때문에, 예외가 발생하는 경우를 인지하기 힘들 수도 있다. 그런 경우에는 run_until_complete()의 반환 값에 대해 Exception의 하위 클래스인지 확인하여, 적절한 예외 처리 혹은 오류 메시지를 출력할 수 있다. [예제 3-32]에서 확인하자.

예제 3-32 모든 태스크의 완료

```
# alltaskscomplete.py
import asyncio

async def f(delay):
    await asyncio.sleep(1 / delay)    #①
    return delay

loop = asyncio.get_event_loop()
```

```
for i in range(10):
    loop.create_task(f(i))
pending = asyncio.all_tasks(loop=loop)
group = asyncio.gather(*pending, return_exceptions=True)
results = loop.run_until_complete(group)
print(f'Results: {results}')
loop.close()
```

① 만약 누군가 '0'을 전달한다면 끔찍한 일이 발생할 것이다.

출력은 다음과 같다.

```
$ python alltaskscomplete.py
Results: [6, 9, 3, 7, ...
          ZeroDivisionError('division by zero',), 4, ...
          8, 1, 5, 2]
```

return_exceptions=True가 없다면, run_until_complete()에서 ZeroDivisionError가 발생하여 이벤트 루프는 중지되고 다른 태스크를 완료시킬 수 없다.

다음 절에서 KeyboardInterrupt 외의 시그널 처리를 확인할 것이다. 다음 절로 넘어가기 전에 반드시 염두에 두어야 할 점은 네트워크 프로그래밍에 있어 부드러운 종료 처리는 아주 어려운 부분 중 하나이고 asyncio도 마찬가지라는 점이다. 이번 절의 내용은 단지 시발점일 뿐이다. 자동화된 테스트의 항목으로 깔끔한 종료에 대한 테스트를 포함하기를 권장한다. 또한 애플리케이션의 요구 사항이나 환경이 달라지면 종료 처리 전략을 바꿔야 할 수 있다는 점도 유의하자.

> **TIP** 필자는 파이썬 패키지 지수Python Package Index(PyPI)에 대한 패키지인 aiorun[33]을 개발하였다. 최초의 목적은 asyncio를 통한 종료에 대해 실험하고 교육하는 것이었다. asyncio 종료 전략 외에도 여러 가지 유용한 내용을 포함하고 있어 확인해보길 권한다.

---

33 https://oreil.ly/kQDt8

3.10.2 시그널

이전의 예제에서 이벤트 루프를 KeyboardInterrupt로(Ctrl-C를 누르면 발생) 중지하는 방법에 대해 확인하였다. KeyboardInterrupt를 발생시켜 loop.run_until_complete()의 호출 블로킹을 효과적으로 중지하고 이후의 종료 절차가 실행되도록 한다.

KeyboardInterrupt는 SIGINT 시그널에 해당한다. 그런데 네트워크 서비스에서 프로세스 종료와 관련된 좀 더 일반적인 시그널은 SIGTERM로, 유닉스 셸의 kill 명령어 실행 시 발생하는 기본 시그널에 해당한다.

> **TIP** 유닉스 시스템에서 kill 명령어는 기만적인 이름이다. 단지 프로세스에 시그널을 보낼 뿐이다. kill 명령어를 인수 없이 실행하는 경우, kill <PID> 명령은 TERM 시그널을 보낸다. 프로세스는 이 시그널을 받으면 정상적으로 종료 절차를 진행하거나 그냥 무시한다! 무시하게 되면 사용자는 kill -s KILL <PID> 명령으로 KILL 시그널을 보내서 강제종료할 수 밖에 없고, 결국 프로그램의 종료 절차는 무시되므로 좋지 않은 방법이다. 따라서 TERM (혹은 INT) 시그널이 통제된 방법으로 프로그램의 종료 절차를 밟을 마지막 기회라고 봐야한다.

asyncio에는 프로세스 시그널을 처리하는 내장된 기능이 있다. 그런데 시그널 처리는 일반적으로 대단히 복잡한 부분으로 이 책의 범위 밖이므로 간단한 고려 사항만 확인해보자. [예제 3-33]를 실행하면 다음과 같은 출력을 확인할 수 있다.

```
$ python shell_signal01.py
<Your app is running>
<Your app is running>
<Your app is running>
<Your app is running>
^CGot signal: SIGINT, shutting down.
```

마지막 줄에서 확인할 수 있듯이 프로그램을 중지하기 위해 Ctrl-C를 눌렀다. [예제 3-33]에서 편리한 asyncio.run() 함수를 사용하지 않고, 가장 일반적인 2개의 시그널인 SIGTERM과 SIGINT로 종료 절차를 처리할 때 발생할 수 있는 함정을 확인하자. 이에 대해 확인한 후에 편리한 asyncio.run() 함수를 사용하여 시그널을 처리하는 예제를 확인해보자.

```python
# shell_signal01.py
import asyncio

async def main():    #①
    while True:
        print('<Your app is running>')
        await asyncio.sleep(1)


if __name__ == '__main__':
    loop = asyncio.get_event_loop()
    task = loop.create_task(main())    #②
    try:
        loop.run_until_complete(task)
    except KeyboardInterrupt:    #③
        print('Got signal: SIGINT, shutting down.')
    tasks = asyncio.all_tasks(loop=loop)
    for t in tasks:
        t.cancel()
    group = asyncio.gather(*tasks, return_exceptions=True)
    loop.run_until_complete(group)
    loop.close()
```

① 여기가 애플리케이션의 **main** 부분이다. 코드를 간략히 하기 위해, 무한 루프 내에서 **sleep**을 수행하도록 한다.

② 이러한 시작과 종료 절차는 이전의 절에서 보았던 것과 비슷할 것이다. **main()**을 스케줄링하고, **run_forever()**를 호출하고, 이벤트 루프가 종료될 때까지 대기한다.

③ 이 예제에서는 Ctrl-C로만 루프를 중지할 수 있다. **KeyboardInterrupt**를 처리하고 이전 절들에서 다루었던 필요한 정리 작업을 수행한다.

지금까지는 아주 간단하다. 이제 복잡한 부분을 보겠다. 다음과 같이 가정해보자.

- 동료 중 한 명이 종료 시그널로서 SIGINT뿐만 아니라 SIGTERM도 처리해달라고 하였다.
- 실제 애플리케이션에서는 main() 코루틴에서 정리 작업을 처리해야 한다. 즉, CancelledError를 처리하는 예외 처리기를 추가해야 하고, 그 예외 처리기 내의 정리 코드에서는 수 초 간의 정리 작업을 수행해야 한다 (네트워크 피어 간 통신을 처리한 후에 모든 소켓 연결을 종료시켜야 한다고 상상해보자).

- 시그널을 여러 번 보내더라도 애플리케이션이 이상한 동작(종료 절차를 여러 번 반복해서 혹은 동시에 실행)을 해서는 안 된다. 즉, 첫 번째 종료 시그널을 받아 정리 작업을 시작하면, 그 이후의 시그널은 프로그램 종료 시까지 무시되어야 한다.

asyncio에서는 이러한 모든 상황을 처리하기 위한 API를 세부적으로 제공한다. [예제 3-34]에서는 직전의 예제에 이러한 기능을 추가하였다.

예제 3-34 SIGINT와 SIGTERM 모두 처리하면서, 이벤트 루프는 한 번만 멈추기

```python
# shell_signal02.py
import asyncio
from signal import SIGINT, SIGTERM    #①

async def main():
    try:
        while True:
            print('<Your app is running>')
            await asyncio.sleep(1)
    except asyncio.CancelledError:    #②
        for i in range(3):
            print('<Your app is shutting down...>')
            await asyncio.sleep(1)

def handler(sig):    #③
    loop.stop()    #④
    print(f'Got signal: {sig!s}, shutting down.')
    loop.remove_signal_handler(SIGTERM)    #⑤
    loop.add_signal_handler(SIGINT, lambda: None)    #⑥

if __name__ == '__main__':
    loop = asyncio.get_event_loop()
    for sig in (SIGTERM, SIGINT):    #⑦
        loop.add_signal_handler(sig, handler, sig)
    loop.create_task(main())
    loop.run_forever()    #⑧
    tasks = asyncio.all_tasks(loop=loop)
    for t in tasks:
        t.cancel()
    group = asyncio.gather(*tasks, return_exceptions=True)
    loop.run_until_complete(group)
    loop.close()
```

① 표준 라이브러리의 **signal** 모듈에서 시그널 값을 불러온다.

② 이번에는 main() 코루틴에서 정리 작업을 수행한다. 각 태스크에 대해 cancel 메서드를 실행하여 취소 시그널을 전달하면 main()에서 3초간 동작을 유지하면서 run_until_complete()는 종료 절차를 수행한다. 그 동안 '<Your app is shutting down...>'을 출력한다.

③ 시그널에 대한 콜백 처리기이다. 아래 부분을 보면 add_signal_handler()로 이벤트 루프에 시그널 처리기를 설정하는 부분이 있다.

④ 이 처리기의 주요 목적은 루프를 중지하는 것이다. 이벤트 루프에 대해 stop 메서드를 호출하고 loop.run_forever() 호출의 블로킹된 상태를 풀어 반환하게 하여 보류 중인 태스크를 수집 및 취소하고 run_until_complete()를 실행하도록 한다.

⑤ 종료 절차 중에 SIGINT나 SIGTERM 시그널이 또 들어와도 처리기를 **실행하지 않도록 한다**. 만약 처리기를 또 실행하게 되면 run_until_complete() 실행 중에 loop.stop()을 호출하여 종료 절차가 비정상적으로 중지될 것이다. 따라서 이벤트 루프에서 SIGTERM 시그널 처리기를 **제거해야 한다**.

⑥ 이 부분도 필요하다. 단순히 SIGINT 시그널 처리기를 제거하면 KeyboardInterrupt가 다시 SIGINT 처리기가 되기 때문이다. 빈 lambda 함수를 처리기로 설정하여 KeyboardInterrupt가 처리기가 되지 않도록 하고 SIGINT(Ctrl-C 입력)이 효과가 없도록 한다.[34]

⑦ 여기서 이벤트 루프에 시그널 처리기를 추가한다. 직전에 논의했던 바와 같이 SIGINT에 대한 처리를 설정해야 KeyboardInterrupt가 더 발생하지 않는다. KeyboardInterrupt의 발생은 파이썬의 SIGINT 시그널에 대한 '기본' 처리기 이므로, 처리기를 교체해야 한다.

⑧ 보통 run_forever()의 실행은 이벤트 루프가 중지될 때까지 지속된다. 이번 예제에서 이벤트 루프는 SIGINT나 SIGTERM에 의해 handler() 내에서 중지된다. 나머지 코드는 이전의 예제들과 동일하다.

---

34 add_signal_handler()는 set_signal_handler()으로 이름을 바꿔야 한다. 시그널 형식별로 하나의 처리기만 지정할 수 있기 때문이다. add_signal_handler()를 동일한 시그널에 대해 한 번 더 호출해봐야 해당 시그널에 대한 기존 처리기를 대치할 뿐이다.

출력은 다음과 같다.

```
$ python shell_signal02.py
<Your app is running>
<Your app is running>
<Your app is running>
<Your app is running>
<Your app is running>
^CGot signal: Signals.SIGINT, shutting down.
<Your app is shutting down...>
^C<Your app is shutting down...>
^C<Your app is shutting down...>
```

① 종료 단계에서 Ctrl-C를 여러 번 눌렀지만, `main()` 코루틴이 완료될 때까지 아무 일도 일어나지 않았다.

이번 예제에서 이벤트 루프의 생명주기를 직접 제어하였다. 종료 절차 설명을 위해 필요했던 부분으로, 실제로는 편리한 `asyncio.run()` 함수를 사용하게 될 것이다. [예제 3-35]에서는 지금까지의 시그널 처리 방식 없이, `asyncio.run()`을 사용해보겠다.

예제 3-35 asyncio.run() 함수를 사용할 때 시그널 처리하기

```
# shell_signal02b.py
import asyncio
from signal import SIGINT, SIGTERM

async def main():
    loop = asyncio.get_running_loop()
    for sig in (SIGTERM, SIGINT):
        loop.add_signal_handler(sig, handler, sig)    #①

    try:
        while True:
            print('<Your app is running>')
            await asyncio.sleep(1)
    except asyncio.CancelledError:
        for i in range(3):
            print('<Your app is shutting down...>')
            await asyncio.sleep(1)
```

```
def handler(sig):
    loop = asyncio.get_running_loop()
    for task in asyncio.all_tasks(loop=loop):    #②
        task.cancel()
    print(f'Got signal: {sig!s}, shutting down.')
    loop.remove_signal_handler(SIGTERM)
    loop.add_signal_handler(SIGINT, lambda: None)

if __name__ == '__main__':
    asyncio.run(main())
```

① asyncio.run()이 이벤트 루프의 시작을 제어하기 때문에 main() 함수에서 시그널 처리기를 변경한다.

② 직전의 예제와 같이 이벤트 루프를 중지하게 되면 main()을 처리하는 태스크가 비정상적으로 중지될 것이기 때문에 시그널 처리기 내부에서 이벤트 루프를 중지할 수 없다. 따라서 태스크에 취소를 요청(cancel 메서드 호출)하여, main() 태스크도 정상적으로 완료되도록 해야 한다. main() 태스크가 정상적으로 완료되면 자연스럽게 asyncio.run() 내의 정리 작업이 진행된다.

3.10.3 종료 중 익스큐터 기다리기

3.1절에서 [예제 3-3]를 통해 기본 익스큐터 인터페이스를 소개하였다. 예제에서 time.sleep()의 블로킹 호출이 운이 좋게도 asyncio.sleep() 보다 빨리 반환되어, 익스큐터 태스크가 main() 코루틴보다 빨리 완료할 수 있었고 프로그램은 정상적으로 종료할 수 있었다.

이번 절에서 보류 중인 모든 Task 인스턴스보다 익스큐터의 작업이 더 오래 걸리는 경우, 종료 과정에서 어떤 일이 벌어지는지 확인하자. 간단히 말하자면, 어떠한 개입도 없다면 [예제 3-36]의 코드는 오류를 뿜어낼 것이다.

예제 3-36 너무 오래 걸리는 익스큐터의 종료

```
# quickstart.py
import time
import asyncio
```

```
async def main():
    loop = asyncio.get_running_loop()
    loop.run_in_executor(None, blocking)
    print(f'{time.ctime()} Hello!')
    await asyncio.sleep(1.0)
    print(f'{time.ctime()} Goodbye!')

def blocking():
    time.sleep(1.5)    #①
    print(f"{time.ctime()} Hello from a thread!")

asyncio.run(main())
```

① 이 코드는 [예제 3-3] 코드와 **단 한 가지만** 다르다. blocking 함수 내의 sleep 시간이 **asyncio.sleep**의 시간보다 길다.

이 코드를 실행하면 다음과 같이 출력된다.

```
$ python quickstart.py
Fri Jan 24 16:25:08 2020 Hello!
Fri Jan 24 16:25:09 2020 Goodbye!
exception calling callback for <Future at [...snip...]>
Traceback (most recent call last):

<big nasty traceback>

RuntimeError: Event loop is closed
Fri Jan 24 16:25:09 2020 Hello from a thread!
```

이러한 일이 벌어지는 이유는 run_in_executor()가 Task 인스턴스를 **생성하지 않고** Future 인스턴스를 반환하기 때문이다. 즉, '진행 중인 태스크'에 포함되지 못하므로 asyncio.run() 내에서 run_until_complete()가 익스큐터가 종료되기까지 **대기하지 않는다.** 결국 asyncio. run() 내의 loop.close()가 호출되면, RuntimeError가 발생한다.

이 책은 파이썬 3.8을 기준으로 하고 있어 loop.close()가 익스큐터 작업이 종료되기까지 대기하지 않기 때문에 run_in_executor()에서 반환한 Future가 오류를 발생시킨다. 이 문제는 파이썬 개발 팀에서 어떻게 개선할지 논의 중이므로 해결 방법이 정해지기 전까지는 오류를 처리할 방법을 직접 강구해야 한다.

TIP 파이썬 3.9에서 asyncio.run()을 개선하여 지금은 익스큐터가 종료되길 정확하게 기다린다.[35] 하지만 이 책은 파이썬 3.8을 기준으로 한다.

이 문제를 고치기 위한 몇 가지 아이디어가 있는데, 그중 몇 가지를 소개하겠다. 이 예제에서 최종 목표는 다른 관점에서 이벤트 루프의 생명주기를 고민해보는 것이다. 생명주기 관리 범위에 코루틴, 스레드, 하위 프로세스를 모두 포함해서 고려해야 한다.

첫 번째 아이디어이자 가장 쉬운 방법은 [예제 3-37]로 코루틴 내에서 익스큐터 태스크에 대해 항상 await를 하는 것이다.

예제 3-37 선택지 A: 익스큐터 호출을 코루틴 내에 포함하기

```python
# quickstart.py
import time
import asyncio
from concurrent.futures import ThreadPoolExecutor as Executor

async def main():
    loop = asyncio.get_running_loop()
    future = loop.run_in_executor(None, blocking)    #①
    try:
        print(f'{time.ctime()} Hello!')
        await asyncio.sleep(1.0)
        print(f'{time.ctime()} Goodbye!')
    finally:
        await future    #②

def blocking():
    time.sleep(2.0)
    print(f"{time.ctime()} Hello from a thread!")

try:
    asyncio.run(main())
except KeyboardInterrupt:
    print('Bye!')
```

① 이 아이디어는 run_in_executor()가 태스크가 아닌 Future 인스턴스를 반환한다는 점에 착안한다. all_tasks()로 퓨처를 수집할 수 없더라도 퓨처에 대해 await는 **실행할 수 있다**.

---

35 https://oreil.ly/ZrpRb

우선 main() 함수에서 퓨처를 생성하자.

② try/finally 구조를 사용하여 main() 함수가 반환하기 전 퓨처가 종료할 때까지 대기한다.

코드는 작동하지만 익스큐터 함수의 생명주기 관리에 큰 한계점이 있다. 익스큐터 작업을 생성하는 영역 마다 try/finally를 사용해야 한다. 비동기 태스크를 생성하듯이 익스큐터 작업을 만들고 asyncio.run()으로 처리하여 부드럽게 프로그램을 종료하는 방식이 더 낫다.

다음 아이디어는 [예제 3-38]에서 확인할 수 있는데 약간 더 주도면밀하다. 우리의 문제는 익스큐터가 태스크가 아닌 퓨처를 반환하기 때문에 발생하므로, 익스큐터가 반환한 퓨처를 감싸서 새로운 태스크 객체로 만들어보겠다.

예제 3-38 선택지 B: 수집한 태스크에 익스큐터에 대한 퓨처도 추가하기

```
# quickstart.py
import time
import asyncio
from concurrent.futures import ThreadPoolExecutor as Executor

async def make_coro(future):    #②
    try:
        return await future
    except asyncio.CancelledError:
        return await future

async def main():
    loop = asyncio.get_running_loop()
    future = loop.run_in_executor(None, blocking)
    asyncio.create_task(make_coro(future))    #①
    print(f'{time.ctime()} Hello!')
    await asyncio.sleep(1.0)
    print(f'{time.ctime()} Goodbye!')

def blocking():
    time.sleep(2.0)
    print(f"{time.ctime()} Hello from a thread!")

try:
    asyncio.run(main())
```

```
except KeyboardInterrupt:
    print('Bye!')
```

① run_in_executor() 호출에서 반환한 퓨처를 새로운 유틸리티 함수인 make-coro()에 전달한다. 여기서 중요한 점은 create_task()를 사용하는 부분으로 퓨처를 감싸서 태스크로 만들었기 때문에 asyncio.run()의 종료 절차 중에 all_tasks()를 통해 얻는 태스크 목록에 **포함되어** cancel() 메서드가 호출될 수 있다.

② 유틸리티 함수인 make_coro()는 단순히 퓨처가 완료되길 기다린다. CancelledError 예외 처리기 내에서도 **계속 기다린다**.

이 해결책은 이전 예제보다 좀 더 나은 동작을 보인다. 예제를 실행하여 'Hello!'를 출력하자마자 Ctrl-C를 눌러보자. make_coro()가 반환될 때까지 기다렸다가 종료 절차에 들어가는 것을 확인할 수 있는데, 이는 익스큐터 작업이 끝날 때까지 기다리기 때문이다. 그런데 모든 익스큐터의 Future 인스턴스를 make_coro() 호출을 통해 감싸야 하므로 상당히 서툰 방법이다.

파이썬 3.9가 나오기 전까지 asyncio.run()의 편리함을 포기한다면 이벤트 루프 처리를 직접하는 방법이 더 나을 수 있다. [예제 3-39]에서 확인하자.

예제 3-39 선택지 C: 캠핑에서 모든 걸 직접 하듯, 나만의 이벤트 루프와 익스큐터 만들기

```
# quickstart.py
import time
import asyncio
from concurrent.futures import ThreadPoolExecutor as Executor

async def main():
    print(f'{time.ctime()} Hello!')
    await asyncio.sleep(1.0)
    print(f'{time.ctime()} Goodbye!')
    loop.stop()

def blocking():
    time.sleep(2.0)
    print(f"{time.ctime()} Hello from a thread!")

loop = asyncio.get_event_loop()
executor = Executor()    #①
```

```
loop.set_default_executor(executor)    #②
loop.create_task(main())
future = loop.run_in_executor(None, blocking)    #③
try:
    loop.run_forever()
except KeyboardInterrupt:
    print('Cancelled')
tasks = asyncio.all_tasks(loop=loop)
for t in tasks:
    t.cancel()
group = asyncio.gather(*tasks, return_exceptions=True)
loop.run_until_complete(group)
executor.shutdown(wait=True)    #④
loop.close()
```

① 이번에는 익스큐터 인스턴스를 직접 만든다.

② 이벤트 루프에 대한 기본 익스큐터로 사용자화된 익스큐터를 지정한다. 이를 통해 run_in_executor()를 호출할 때마다 사용자화된 익스큐터를 사용하도록 할 수 있다.

③ 전과 같이 blocking 함수를 실행한다.

④ 마지막으로 이벤트 루프를 close 하기 전에 모든 익스큐터 작업이 종료되길 명시적으로 기다릴 수 있다. 'Event loop is closed' 메시지가 출력되는 상황이 벌어지지 않을 것이다. 기본 익스큐터와 달리 사용자화된 익스큐터 인스턴스에 직접 접근할 수 있어 shutdown()을 호출할 수 있다.

결국 일반적으로 이용할 수 있는 전략에 도달하였다. 어디서든 run_in_executor()를 호출하고, 프로그램을 깔끔하게 종료할 수 있다. 모든 비동기 태스크가 완료 후에도 익스큐터 작업이 작동 중이더라도 상관없다.

이 예제 코드를 테스트해보고 다른 전략을 사용하여 깔끔하게 종료할 수 있도록 시도해보길 권장한다. 파이썬 이후 버전에서는 asyncio.run() 함수를 통해 익스큐터 작업이 종료될 때까지 대기할 수 있게 되길 바란다. 그렇게 된다 하더라도 이 절에서 논의한 내용은 중요하므로 깔끔한 종료 절차에 대해 고민해보길 바란다.

## CHAPTER 4

여러분이 사용하지 않는 Asyncio 라이브러리 20개

이번 장에서는 파이썬의 비동기 프로그래밍을 위한 새로운 기능들을 사용하는 사례를 살펴보고 몇 가지 서드파티 라이브러리를 사용해보도록 하자.

이번 장의 제목은 필자의 예전 책인 『20 Python Libraries You Aren't Using (But Should)』(O'Reilly Media, 2016)[1]에서 따왔다. 이 책에 나온 라이브러리 중 다수가 asyncio 기반 애플리케이션에서 유용하다. 하지만 이번 장에서는 파이썬의 새로운 비동기 기능에 적합하게 설계된 라이브러리만 살펴보겠다.

asyncio 기반 코드를 짧은 코드 토막snippet으로 표현하기는 어렵다. 하지만 지금까지의 예제에서 완전하고 실행 가능한 프로그램을 보여주려 노력했고, 앞으로의 예제에서도 비동기 프로그래밍을 정확하게 사용하기 위한 핵심 고려 사항인 애플리케이션 생명주기 관리가 담겨 있도록 노력할 것이다.

이런 이유에서 이번 장의 예제들은 다소 긴 편이다. 여러분이 개별적인 예제들을 알아서 통합하여 이해하도록 하기 보다는 비동기 프로그램의 '전체적인 모습'을 알려주려고 노력하였다.

> **NOTE_** 이번 장의 일부 예제에서 공간을 절약하기 위해 스타일을 맞추지 않은 부분이 있다. 필자는 'PEP8'을 좋아하지만, 순수성보다는 실용성이 우선이다.

---

[1] https://oreil.ly/HLsvb

4.1 표준 라이브러리

서드파티 라이브러리를 살펴보기 전에, 표준 라이브러리(Stream)를 살펴보겠다. `Streams API`[2]는 비동기 소켓 프로그래밍을 위한 고수준 인터페이스로 사용하기 상당히 쉽다. 하지만 네트워크 영역의 특성 상 애플리케이션 설계가 쉽지는 않다.

다음 사례 연구에서 메시지 브로커의 구현을 확인할 것인데, 처음에는 간단히 설계하고 좀 더 나은 설계로 점차 개선할 것이다. 개선한 설계도 상용 수준은 아니지만, 병행 네트워크 프로그래밍의 다양한 면에 대해 생각해볼 수 있도록 하였다.

4.1.1 사례 연구: 메시지 대기열

메시지 대기열 서비스message queue service는 백엔드 애플리케이션으로 다른 애플리케이션들과 연결하고 애플리케이션들 사이에서 메시지를 전달하는 역할을 수행한다. 애플리케이션들은 **발행자**publisher와 **구독자**subscriber로 나뉘며 구독자는 보통 특정 채널의 메시지를 수신한다. 발행자의 메시지 전파는 크게 두 가지 방식으로 이루어진다. 첫 번째는 동일 채널의 구독자 모두에게 메시지를 전달하는 방식(**발행-구독**pub-sub)이다. 두 번째는 각각의 구독자에게 다른 메시지를 보내는 방식(**점대점**point-to-point)이다.

최근에 필자는 마이크로서비스 구조에서 상호 커뮤니케이션을 위한 메시지 브로커로서 `ActiveMQ`[3]를 사용하는 프로젝트에 참여했었다. 브로커 서버의 기본적인 특징은 다음과 같다.

- 여러 클라이언트에 대한 지속적인 소켓 연결 유지
- 클라이언트들로부터 대상 **채널 이름**에 대한 메시지 수신
- 해당 채널 이름에 대해 구독한 **다른** 모든 클라이언트에게 그 메시지를 전달

덧붙여서 ActiveMQ는 두 가지 메시지 전파 방식 모두 지원하는데, 채널 이름으로 사용하는 방식을 구분할 수 있다.

---

2 https://oreil.ly/mnMZD
3 https://oreil.ly/yiaK0

- 채널 이름의 접두사가 /topic이면(예를 들면 /topic/customer/registration) 발행–구독[4] 방식으로 모든 채널 구독자는 모든 메시지를 받는다.
- 채널 이름의 접두사가 /queue면 점대점[5] 방식으로 라운드 로빈 방식을 이용해 채널 구독자에게 메시지를 전파하고 각 구독자는 고유의 메시지를 받는다.

사례 연구에서 이런 기본적인 기능을 가진 작은 메시지 브로커를 만들어보겠다. 해결해야 할 첫 번째 이슈는 TCP가 메시지 기반 프로토콜이 아니라는 점이다. 즉, 주고 받는 데이터가 바이트 스트림이다. 따라서, 메시지 구조를 지원하기 위한 자체적인 프로토콜을 만들어야 한다. 각 데이터는 메시지 크기를 포함하는 헤더와 그 크기만큼의 페이로드payload로 이루어진다. [예제 4-1]에서 유틸리티 라이브러리를 통해 **읽기**read와 **쓰기**write를 제공한다.

예제 4-1 메시지 프로토콜: 읽기와 쓰기

```
# msgproto.py
from asyncio import StreamReader, StreamWriter

async def read_msg(stream: StreamReader) -> bytes:
    size_bytes = await stream.readexactly(4)    #①
    size = int.from_bytes(size_bytes, byteorder='big')    #②
    data = await stream.readexactly(size)    #③
    return data

async def send_msg(stream: StreamWriter, data: bytes):
    size_bytes = len(data).to_bytes(4, byteorder='big')
    stream.writelines([size_bytes, data])    #④
    await stream.drain()
```

① 처음 4바이트를 가져온다. 이는 이후 페이로드의 크기이다.

② 4바이트를 정수로 변환한다.

③ 페이로드의 크기를 알고 있으므로, 스트림에서 그 크기만큼 읽는다.

④ **쓰기**는 **읽기**의 역순이다. 우선 데이터의 크기를 4 바이트로 인코딩하여 전송하고, 데이터를 전송한다.

---

4 https://oreil.ly/y6cYr
5 http://bit.ly/2CeNbxr

이제 기초적인 메시지 프로토콜을 구성하였으므로, [예제 4-2]에서는 메시지 브로커 애플리케이션을 만들어보겠다.

예제 4-2 40줄짜리 프로토타입 서버

```python
# mq_server.py
import asyncio
from asyncio import StreamReader, StreamWriter, gather
from collections import deque, defaultdict
from typing import Deque, DefaultDict
from msgproto import read_msg, send_msg    #①

SUBSCRIBERS: DefaultDict[bytes, Deque] = defaultdict(deque)    #②

async def client(reader: StreamReader, writer: StreamWriter):
    peername = writer.get_extra_info('peername')    #③
    subscribe_chan = await read_msg(reader)    #④
    SUBSCRIBERS[subscribe_chan].append(writer)    #⑤
    print(f'Remote {peername} subscribed to {subscribe_chan}')
    try:
        while channel_name := await read_msg(reader):    #⑥
            data = await read_msg(reader)    #⑦
            print(f'Sending to {channel_name}: {data[:19]}...')
            conns = SUBSCRIBERS[channel_name]    #⑧
            if conns and channel_name.startswith(b'/queue'):    #⑨
                conns.rotate()    #⑩
                conns = [conns[0]]    #⑪
            await gather(*[send_msg(c, data) for c in conns])    #⑫
    except asyncio.CancelledError:
        print(f'Remote {peername} closing connection.')
        writer.close()
        await writer.wait_closed()
    except asyncio.IncompleteReadError:
        print(f'Remote {peername} disconnected')
    finally:
        print(f'Remote {peername} closed')
        SUBSCRIBERS[subscribe_chan].remove(writer)    #⑬

async def main(*args, **kwargs):
    server = await asyncio.start_server(*args, **kwargs)
    async with server:
        await server.serve_forever()
```

```
try:
    asyncio.run(main(client, host='127.0.0.1', port=25000))
except KeyboardInterrupt:
    print('Bye!')
```

① `msgproto.py` 모듈을 import한다.

② 현재 연결된 구독자의 컬렉션으로 전역 변수이다. 클라이언트가 연결할 때마다, 구독하려는 채널 이름을 먼저 전송해야 한다. 채널 마다 하나의 덱^{deque}에서 해당 채널에 대한 모든 구독자를 보유한다.

③ `client()` 코루틴 함수는 새로운 연결 마다 수명이 긴 코루틴을 반환한다. `main()`에서 시작된 TCP 서버의 콜백으로 간주하자. 이번 줄에서 원격지^{remote peer}의 호스트와 포트를 전달하였다.

④ 클라이언트의 프로토콜은 다음과 같다.

- 처음 연결 시, 클라이언트는 구독할 채널 이름을 포함하는 메시지를 먼저 전송해야 한다. subscribe_chan 변수이다.
- 그 후 연결을 유지하고 있는 동안, 클라이언트는 먼저 목적지 채널 이름을 포함하는 메시지를 먼저 전송한 후, 데이터를 포함하는 메시지를 전송한다. 브로커는 해당 채널 이름의 채널에 구독한 모든 클라이언트에게 데이터를 전달한다.

⑤ `StreamWriter` 인스턴스를 전역 변수인 구독자 컬렉션에 추가한다.

⑥ 무한 루프로 클라이언트로부터 데이터를 기다린다. 클라이언트로부터 전달되는 첫 번째 메시지는 목적지 채널 이름이어야 한다.

⑦ 다음은 해당 채널로 배포할 실제 데이터가 전달된다.

⑧ 목적지 채널에 대한 구독자들을 포함하는 덱을 얻는다.

⑨ 채널 이름이 매직 워드^{magic word}인 /queue로 시작 하는 경우, 특별한 처리를 한다. 구독자 중 **단 하나**에게만 데이터를 보낸다. 기존의 발행-구독 방식이 아니라 개별 클라이언트 간의 데이터 전달 방식이다.

⑩ 이것이 우리가 리스트가 아닌 덱을 사용한 이유이다. 덱을 순환시켜 /queue에 대한 데이터 전달 시 클라이언트들의 순서를 추적할 수 있다. 연산 비용이 비쌀 것으로 보일 수 있지

만, 한 번의 덱 순환은 O(1) 연산일 뿐이다.

⑪ 첫 번째 클라이언트를 대상으로 지정한다. 매 순환마다 바뀐다.

⑫ 각 클라이언트에게 메시지를 전달할 코루틴들의 리스트를 생성한 후 gather()에 풀어서
^{unpack} 전달하고 모든 전송이 완료될 때까지 대기한다.

이 줄이 이 프로그램의 결점에 해당한다. 각각의 구독자에게 병행하여 전송을 실행하지만,
구독자 중 아주 느린 클라이언트가 있는 경우 어떤 일이 발생할까? 그런 경우 gather()는
가장 느린 구독자가 데이터를 받고 작업이 종료될 때까지 기다린다. 모든 send_msg() 코루
틴이 종료되기 전까지는 어떠한 데이터도 전달받을 수 없다. 이로 인해 메시지 전파 속도가
가장 느린 구독자의 속도로 맞춰진다.

⑬ client() 코루틴이 반환될 때 전역 변수 SUBSCRIBERS에서 모든 클라이언트를 제거해
야 한다. 안타깝게도 이 작업은 O(n) 연산으로, n이 매우 크다면 좀 비싸질 것이다. 다른
데이터 구조를 사용하면 이를 해결할 수 있지만, 어차피 수명이 긴 연결이라는 가정 하에서
n이 그리 크지는 않을 것이고(대략 10,000 이하라고 가정하자), 이 코드가 이해하기 쉬워
서 그대로 두었다.

이것이 우리의 서버이다. 이제 클라이언트가 필요하고, 클라이언트가 있으면 출력을 확인할 수
있을 것이다. 시연을 위해 두 가지 종류의 클라이언트를 만들 것이다. 하나는 **송신자**^{sender}이고,
다른 하나는 **수신자**^{listener}이다. 서버에서는 둘을 구분하지 않는다. 학습 목적에서 송신자와 수신
자로 구분하였다. [예제 4-3]에서 수신자 애플리케이션을 확인하자.

예제 4-3 수신자: 메시지 브로커로부터 메시지를 수신하는 도구

```
# mq_client_listen.py
import asyncio
import argparse, uuid
from msgproto import read_msg, send_msg

async def main(args):
  me = uuid.uuid4().hex[:8]    #①
  print(f'Starting up {me}')
  reader, writer = await asyncio.open_connection(
    args.host, args.port)    #②
```

```python
    print(f'I am {writer.get_extra_info("sockname")}')
    channel = args.listen.encode()    #③
    await send_msg(writer, channel)    #④
    try:
        while data := await read_msg(reader):    #⑤
            print(f'Received by {me}: {data[:20]}')
        print('Connection ended.')
    except asyncio.IncompleteReadError:
        print('Server closed.')
    finally:
        writer.close()
        await writer.wait_closed()


if __name__ == '__main__':
    parser = argparse.ArgumentParser()    #⑥
    parser.add_argument('--host', default='localhost')
    parser.add_argument('--port', default=25000)
    parser.add_argument('--listen', default='/topic/foo')
    try:
        asyncio.run(main(parser.parse_args()))
    except KeyboardInterrupt:
        print('Bye!')
```

① uuid 표준 라이브러리 모듈은 이 수신자의 '신원identity'을 생성하는 편리한 수단이다. 여러 개의 인스턴스를 생성하게 되면 각각이 고유의 신원을 가지게 될 것이므로, 각각에 대해 어떤 일이 일어나는지 로그에서 추적할 수 있다.

② 서버에 대한 연결을 연다.

③ 구독할 채널은 입력 매개변수인 args.listen으로 전달된다. 전송하기 전에 바이트로 인코딩한다.

④ 프로토콜 규칙에 따라, 연결 후에 구독할 채널의 이름을 가장 먼저 전송한다.

⑤ 이 루프는 소켓에 데이터가 도착할 때까지 대기한다.

⑥ 이 프로그램의 명령줄 인수로 호스트, 포트, 채널 이름을 전달 받을 수 있다.

다른 종류의 클라이언트인 송신자 프로그램은 [예제 4-4]에서 확인할 것인데 수신자와 구조가 비슷하다.

예제 4-4 송신자: 메시지 브로커에게 데이터를 송신하는 도구

```python
# mq_client_sender.py
import asyncio
import argparse, uuid
from itertools import count
from msgproto import send_msg

async def main(args):
    me = uuid.uuid4().hex[:8]    #①
    print(f'Starting up {me}')
    reader, writer = await asyncio.open_connection(
        host=args.host, port=args.port)    #②
    print(f'I am {writer.get_extra_info("sockname")}')

    channel = b'/null'    #③
    await send_msg(writer, channel)    #④

    chan = args.channel.encode()    #⑤
    try:
        for i in count():    #⑥
            await asyncio.sleep(args.interval)    #⑦
            data = b'X'*args.size or f'Msg {i} from {me}'.encode()
            try:
                await send_msg(writer, chan)
                await send_msg(writer, data)    #⑧
            except OSError:
                print('Connection ended.')
                break
    except asyncio.CancelledError:
        writer.close()
        await writer.wait_closed()

if __name__ == '__main__':
    parser = argparse.ArgumentParser()    #⑨
    parser.add_argument('--host', default='localhost')
    parser.add_argument('--port', default=25000, type=int)
    parser.add_argument('--channel', default='/topic/foo')
    parser.add_argument('--interval', default=1, type=float)
    parser.add_argument('--size', default=0, type=int)
```

```
try:
    asyncio.run(main(parser.parse_args()))
except KeyboardInterrupt:
    print('Bye!')
```

① 수신자와 마찬가지로 클라이언트별로 고유의 신원을 지정한다.

② 서버에 연결한다.

③ 프로토콜 규칙에 따르면, 서버에 연결하자마자 구독할 채널의 이름을 가장 먼저 전송한다. 하지만 송신자이므로 어떤 채널에 구독하든 상관없다. 그러나 프로토콜에서 구독할 채널을 우선 지정하도록 하고 있으므로, 구독할 채널로 null을 지정하였다.

④ 구독할 채널 이름을 전송한다.

⑤ 명령줄 매개변수인 **args.channel**로 메시지를 **보낼** 채널을 지정한다. 전송하기 전에 바이트로 변환해야 한다.

⑥ **itertools.count()** 루프는 **while True** 루프와 유사한데, 반복 변수를 얻는다는 점만 다르다. 디버깅 메시지에서 이 변수를 사용하여, 언제 그 메시지를 받았는지 좀 더 쉽게 알 수 있다.

⑦ 메시지 전송 간의 지연 시간은 입력 매개변수인 **args.interval**로 지정한다. 다음 줄에서 데이터를 생성한다. **args.size**로 지정된 크기의 바이트 문자열이거나 설명 메시지이다. 테스트를 위해 유연하게 처리하였다.

⑧ 여기서 **두 개**의 메시지를 전송한다. 첫 번째는 목적지 채널 이름이고, 두 번째는 데이터이다.

⑨ 수신자와 마찬가지로 송신자를 조정하기 위한 명령줄 옵션들이 있다. **channel**은 대상 채널, **interval**은 메시지 전송 간의 지연 시간, **size**는 데이터의 크기이다.

이제 브로커, 수신자, 송신자를 만들었다. 출력을 확인해보자. 우선 서버를 실행시키고, 2개의 수신자와 1개의 송신자를 실행하였다. 그리고 몇 개의 메시지가 전송된 후, Ctrl-C를 눌러 서버를 종료했다. 서버의 출력은 [예제 4-5]이고 송신자의 출력은 [예제 4-6]이다. 수신자의 출력은 [예제 4-7]와 [예제 4-8]이다.

```
$ mq_server.py
Remote ('127.0.0.1', 55382) subscribed to b'/queue/blah'
Remote ('127.0.0.1', 55386) subscribed to b'/queue/blah'
Remote ('127.0.0.1', 55390) subscribed to b'/null'
Sending to b'/queue/blah': b'Msg 0 from 6b5a8e1d'...
Sending to b'/queue/blah': b'Msg 1 from 6b5a8e1d'...
Sending to b'/queue/blah': b'Msg 2 from 6b5a8e1d'...
Sending to b'/queue/blah': b'Msg 3 from 6b5a8e1d'...
Sending to b'/queue/blah': b'Msg 4 from 6b5a8e1d'...
Sending to b'/queue/blah': b'Msg 5 from 6b5a8e1d'...
^CBye!
Remote ('127.0.0.1', 55382) closing connection.
Remote ('127.0.0.1', 55382) closed
Remote ('127.0.0.1', 55390) closing connection.
Remote ('127.0.0.1', 55390) closed
Remote ('127.0.0.1', 55386) closing connection.
Remote ('127.0.0.1', 55386) closed
```

예제 4-6 송신자 클라이언트의 출력

```
$ mq_client_sender.py --channel /queue/blah
Starting up 6b5a8e1d
I am ('127.0.0.1', 55390)
Connection ended.
```

예제 4-7 수신자 1번 클라이언트의 출력

```
$ mq_client_listen.py --listen /queue/blah
Starting up 9ae04690
I am ('127.0.0.1', 55382)
Received by 9ae04690: b'Msg 1 from 6b5a8e1d'
Received by 9ae04690: b'Msg 3 from 6b5a8e1d'
Received by 9ae04690: b'Msg 5 from 6b5a8e1d'
Server closed.
```

예제 4-8 수신자 2번 클라이언트의 출력

```
$ mq_client_listen.py --listen /queue/blah
Starting up bd4e3baa
I am ('127.0.0.1', 55386)
Received by bd4e3baa: b'Msg 0 from 6b5a8e1d'
Received by bd4e3baa: b'Msg 2 from 6b5a8e1d'
Received by bd4e3baa: b'Msg 4 from 6b5a8e1d'
Server closed.
```

우리의 작은 메시지 브로커가 작동하였다. 네트워크 영역이 복잡함을 감안할 때 코드는 이해하기 아주 쉬웠지만, 안타깝게도 설계에 문제가 있다.

문제는 브로커가 메시지를 받은 코루틴 내에서 구독자에게 메시지를 전송하는 점이다. 특정 구독자가 너무 느리다면, [예제 4-2]의 await gather(...) 줄에서 많은 시간을 소모할 것이고, 대기하는 동안 메시지를 받거나 처리할 수 없을 것이다.

메시지의 수신과 송신을 분리하는 대처 방안이 있다. 다음 사례 연구에서 코드를 재구성refactor 해보겠다.

4.1.2 사례 연구: 메시지 대기열 개선하기

이번 사례 연구에서는 우리의 작은 메시지 브로커의 설계를 개선해보겠다. 수신자와 송신자 프로그램은 변경하지 않는다. 새로운 브로커 설계의 목표는 메시지 송신과 메시지 수신을 분리하는 것이다. 즉, 이전 절에서 언급했던 느린 구독자로 인해 새로운 메시지 수신이 느려지는 문제를 해결한다. [예제 4-9]에서 새로운 코드를 확인할 수 있다. 약간 길지만 너무 심하지는 않다.

예제 4-9 메시지 브로커: 개선된 설계

```
# mq_server_plus.py
import asyncio
from asyncio import StreamReader, StreamWriter, Queue
from collections import deque, defaultdict
from contextlib import suppress
from typing import Deque, DefaultDict, Dict
from msgproto import read_msg, send_msg
```

```python
SUBSCRIBERS: DefaultDict[bytes, Deque] = defaultdict(deque)
SEND_QUEUES: DefaultDict[StreamWriter, Queue] = defaultdict(Queue)
CHAN_QUEUES: Dict[bytes, Queue] = {}    #①


async def client(reader: StreamReader, writer: StreamWriter):
  peername = writer.get_extra_info('peername')
  subscribe_chan = await read_msg(reader)
  SUBSCRIBERS[subscribe_chan].append(writer)    #②
  send_task = asyncio.create_task(
      send_client(writer, SEND_QUEUES[writer]))    #③
  print(f'Remote {peername} subscribed to {subscribe_chan}')
  try:
    while channel_name := await read_msg(reader):
      data = await read_msg(reader)
      if channel_name not in CHAN_QUEUES:    #④
        CHAN_QUEUES[channel_name] = Queue(maxsize=10)    #⑤
        asyncio.create_task(chan_sender(channel_name))    #⑥
      await CHAN_QUEUES[channel_name].put(data)    #⑦
  except asyncio.CancelledError:
    print(f'Remote {peername} connection cancelled.')
  except asyncio.IncompleteReadError:
    print(f'Remote {peername} disconnected')
  finally:
    print(f'Remote {peername} closed')
    await SEND_QUEUES[writer].put(None)    #⑧
    await send_task    #⑨
    del SEND_QUEUES[writer]    #⑩
    SUBSCRIBERS[subscribe_chan].remove(writer)


async def send_client(writer: StreamWriter, queue: Queue):    #⑪
    while True:
        try:
            data = await queue.get()
        except asyncio.CancelledError:
            continue

        if not data:
            break

        try:
            await send_msg(writer, data)
        except asyncio.CancelledError:
            await send_msg(writer, data)
```

```python
        writer.close()
        await writer.wait_closed()

async def chan_sender(name: bytes):
    with suppress(asyncio.CancelledError):
        while True:
            writers = SUBSCRIBERS[name]
            if not writers:
                await asyncio.sleep(1)
                continue    #⑫
            if name.startswith(b'/queue'):    #⑬
                writers.rotate()
                writers = [writers[0]]
            if not (msg := await CHAN_QUEUES[name].get()):    #⑭
                break
            for writer in writers:
                if not SEND_QUEUES[writer].full():
                    print(f'Sending to {name}: {msg[:19]}...')
                    await SEND_QUEUES[writer].put(msg)    #⑮

async def main(*args, **kwargs):
    server = await asyncio.start_server(*args, **kwargs)
    async with server:
        await server.serve_forever()
try:
    asyncio.run(main(client, host='127.0.0.1', port=25000))
except KeyboardInterrupt:
    print('Bye!')
```

① 이전 구현에서는 전역 변수인 컬렉션으로 SUBSCRIBERS만 있었지만, 이제는 데이터 **수신**과 **송신**을 완전히 분리하기 위해 생성한 SEND_QUEUES와 CHAN_QUEUES도 있다. SEND_QUEUES에는 클라이언트 연결별로 1개의 대기열을 저장한다. 즉, 특정 클라이언트로 전달해야 하는 모든 데이터를 저장하는 각각의 대기열 항목을 저장한다(send_client() 코루틴을 보면, SEND_QUEUES에서 데이터를 꺼내 전송하고 있다).

② client()의 이 부분까지는 어떤 변경도 없다. 구독 채널의 이름을 받고, 새 클라이언트에 대한 StreamWriter 인스턴스를 전역 변수인 SUBSCRIBERS 컬렉션에 추가한다.

③ 여기가 새로운 부분이다. 수명이 긴 태스크를 생성하여, 이 클라이언트에게 모든 데이터를 전송하도록 한다. 태스크는 별도의 코루틴으로 독립적으로 실행되고, 송신 데이터를

저장하는 대기열인 SEND_QUEUES[writer]에서 데이터를 꺼내 전송한다.

④ 이제 데이터를 수신하는 루프이다. 언제나 2개의 메시지를 수신한다는 점을 명심하자. 하나는 목적지 채널의 이름이고, 다른 하나는 데이터이다. 각 목적지 채널에 대한 전용 Queue를 새로 만들어 CHAN_QUEUES에 저장한다. 채널로 데이터를 보낼 때, 적절한 대기열에 데이터를 저장하고 바로 새로운 데이터를 수신하러 돌아간다. 이 방법으로 메시지의 송신과 수신을 분리^{decouple}할 수 있다.

⑤ 대상 채널에 대한 대기열이 없으면 새로 만든다.

⑥ 대상 채널 전용이고 수명이 긴 태스크를 만든다. chan_sender() 코루틴은 채널 대기열에서 데이터를 꺼내어 구독자들에게 전파한다.

⑦ 해당 채널 대기열에 새로 수신한 데이터를 저장한다. 대기열이 가득 차면, 새 데이터를 저장할 공간이 생길 때까지 여기서 대기한다. 여기서 대기한다는 것은 소켓에서 새로운 데이터를 받지 않는다는 것으로 상대편의 클라이언트도 새 데이터를 전송하려면 대기해야 한다는 의미이다. 완전히 나쁜 방법이 아닌 것이, 이를 통해 클라이언트에게 소위 **역압**^{back-pressure}을 줄 수 있기 때문이다(다른 방법으로는 새 데이터를 포기^{drop}하는 방법도 있다).

⑧ 네트워크 연결이 닫히고, 이제 정리할 시점이다. 클라이언트에게 데이터를 전송하기 위해 만든 수명이 긴 태스크인 send_task는 대기열인 SEND_QUEUES[writer]에 None을 저장하여 종료시킨다(send_client()의 코드에서 확인할 수 있다). 외부에서 취소하기 보다는 대기열의 값을 통해 처리하면 대기열에 있는 모든 데이터를 전송한 뒤에 send_client()를 종료할 수 있어서 이 점이 중요하다.

⑨ 데이터 전송 태스크가 종료되길 기다리고…

⑩ 그리고 나서 SEND_QUEUES 컬렉션에서 이 클라이언트에 대한 항목을 제거한다. 다음 줄에서는 SUBSCRIBERS 컬렉션에서 sock도 제거한다.

⑪ send_client() 코루틴 함수는 대기열에서 작업을 꺼내는 교과서적인 예제에 가깝다. 대기열에 None이 저장되었을 때에만 코루틴이 종료한다는 점에 유의하자. 루프 **내의** CancelledError도 억제^{suppress}한다. 대기열의 None을 통해서만 태스크가 종료하도록 하여, 대기열에 있는 모든 보류 중인 데이터가 프로그램 종료 전에 전송되도록 한다.

⑫ chan_sender()는 채널에 대한 메시지 전파 함수이다. 해당 채널 전용 Queue 인스턴스에서 데이터를 꺼내어 모든 구독자에게 전송한다. 하지만 채널에 아직 구독자가 없다면 어떨까? 잠시 기다렸다가 다시 시도한다(그런데 구독자가 없으면 이 채널에 대한 데이터 대기열인 CHAN_QUEUES[name]은 데이터를 소모하지 않아 대기열이 계속 차오를 수 있다는 점에 유의하자).

⑬ 이전의 브로커 구현처럼 채널 이름이 /queue로 시작하는 경우 특별한 처리를 한다. 덱을 순환rotate시키고 첫 번째 항목으로 전송한다. 각 구독자에게 하나의 대기열에서 서로 다른 데이터들을 꺼내 나눠 전송하므로 엉성한 로드밸런싱 시스템과 비슷해 보일 수 있다. 채널 이름이 /queue로 시작하지 않는 채널의 경우에는 해당 채널의 모든 구독자에게 해당 채널에게 전달된 모든 데이터를 전송한다.

⑭ 대기열에 데이터가 저장되길 기다리다가 None이 들어오면 종료한다. 그런데 아직 None을 입력하는 부분이 없으므로 chan_sender() 코루틴은 영원히 실행될 것이다. 특정 시간 동안 아무런 동작이 없으면 채널 태스크를 종료하는 것과 같은 로직이 필요하다.

⑮ 데이터를 받아서 구독자에게 전송할 것이다. 여기서 직접 전송을 실행하지 않고 각 구독자의 전송 대기열에 데이터를 저장한다. 이러한 분리 설계로 느린 구독자의 데이터 수신 속도가 다른 구독자들의 속도를 늦추지 못하도록 한다. 그리고 구독자가 너무 느려서 전송 대기열이 가득 차면 데이터를 버린다.

이전의 간단한 설계와 동일한 출력을 보이지만, 느린 수신자로 인해 다른 수신자에 대한 메시지 전파가 지연되지 않도록 처리하였다.

이 두 가지 사례 연구로 메시지 전파 시스템의 설계에 대한 사고의 진전을 확인하였다. 설계상의 가장 중요한 차이점은 데이터의 송신과 수신을 분리된 코루틴으로 처리한 부분이다. 이렇게 분리할 때 대기열로 코루틴 간에 데이터를 전달한 점이 핵심이다. 그보다 더 중요한 성과는 asyncio의 Streams API로 소켓 기반 애플리케이션을 손쉽게 만들 수 있다는 사실을 확인한 것이다.

4.2 트위스티드

트위스티드[6] 프로젝트는 asyncio 표준 라이브러리보다 엄청나게 앞서서 약 14년 동안 파이썬의 비동기 프로그래밍을 이끌어왔다. 이벤트 루프와 같은 기본적인 기능뿐만 아니라, **deferred**와 같은 기본형^{primitive}도(asyncio에서 퓨처 같은 것이다) 제공한다. asyncio의 설계는 트위스티드에 많은 영향을 받았다.

'asyncio는 트위스티드를 대체하지 않는다'[7]를 읽어보길 바란다. 트위스티드에는 대단히 많은 인터넷 프로토콜이 높은 품질로 구현되어 있다. 일반적인 HTTP뿐만 아니라 XMPP, NNTP, IMAP, SSH, IRC, 그리고 FTP(서버/클라이언트)를 포함한다. 또한 DNS, SMTP, POP3도 포함한다. 이러한 다양한 기능 때문에 트위스티드는 여전히 매력적이다.

코드 수준에서 트위스티드와 asyncio를 비교하면, 트위스티드는 파이썬에 코루틴이 없던 시기를 지나왔기 때문에 파이썬의 표준 문법만으로 비동기성을 구현하고 있다.

트위스티드의 대부분의 역사 속에서 **콜백**이 비동기 프로그래밍을 위해 필수적인 수단이었고 그로 인해 코드에 비선형적 복잡성을 포함할 수밖에 없었다. 하지만 제너레이터로 코루틴을 임시로 대체할 수 있게 되면서 @defer.inlineCallbacks 데커레이터를 사용하여 트위스티드의 코드를 선형적으로 작성할 수 있게 되었다.

예제 4-10 인라인 콜백으로 좀 더 트위스티드

```
@defer.inlineCallbacks    #①
def f():
    yield
    defer.returnValue(123)    #②


@defer.inlineCallbacks
def my_coro_func():
    value = yield f()    #③
    assert value == 123
```

① 보통 트위스티드를 사용하여 비동기 프로그램을 만들 때 Deferred 인스턴스를 생성하고

6 https://oreil.ly/Y3dY2

7 https://oreil.ly/J0ezC

그 인스턴스에 콜백을 추가한다. 그런데 몇 년 전, @inlineCallbacks 데커레이터가 추가되어, 코루틴으로 제너레이터를 사용할 수 있게 되었다.

② @inlineCallbacks를 사용하여 일반적인 콜백과 다르게 코드를 **선형적으로** 작성할 수 있다. defer.returnValue()와 같은 코드를 사용하여 @inlineCallbacks 코루틴에서 값을 반환받을 수 있기 때문이다.

③ 여기서 yield를 사용하여 이 함수를 제너레이터로 만든다. @inlineCallbacks를 사용하기 위해서는 함수 내에 1개 이상의 yield를 포함해야 한다.

파이썬 3.5에서 네이티브 코루틴이 등장한 이후 트위스티드 팀(특히 그중 Amber Brown[8])은 asyncio의 이벤트 루프로 트위스티드가 작동하도록 수정하고 있다. 이는 현재 진행 중이기 때문에 필자는 이번 절에서 트위스티드와 asyncio를 섞어 쓰는 애플리케이션을 만든다기보다 둘 간의 상호운용성에 대해 알려주고자 한다. 트위스티드를 사용해본 경우 [예제 4-11]가 조금 거슬릴 수 있다.

예제 4-11 트위스티드의 asyncio 지원

```
# twisted_asyncio.py
from time import ctime
from twisted.internet import asyncioreactor
asyncioreactor.install()    #①
from twisted.internet import reactor, defer, task    #②

async def main():    #③
    for i in range(5):
        print(f'{ctime()} Hello {i}')
        await task.deferLater(reactor, 1, lambda: None)    #④

defer.ensureDeferred(main())    #⑤
reactor.run()    #⑥
```

① 이 줄로 트위스티드가 asyncio 이벤트 루프를 주요 reactor로 사용하도록 설정한다. 이 줄은 다음 줄의 twisted.internet의 reactor에 대한 import보다 앞에 **있어야 한다.**

---

8 https://atleastfornow.net

② 트위스티드 프로그래밍에 익숙하다면, 이 import를 알아볼 것이다. 여기서 이에 대해 자세히 다룰 수는 없으나 간략히 설명하자면, reactor는 asyncio의 **이벤트 루프**의 트위스티드 버전이다. defer와 task는 코루틴을 스케줄링하기 위한 도구들의 네임스페이스이다.

③ 트위스티드 프로그램에서 async def를 사용하는 것이 어색해 보일 수 있다. 하지만 이 것이 바로 새로운 async/await 기능을 통해 가능해진 점으로 트위스티드 프로그램에서 네이티브 코루틴을 직접 사용할 수 있게 되었다.

④ 과거 @inlineCallbacks를 사용하던 시절에는 여기서 yield from을 사용해야 했으나 이제는 asyncio를 사용하는 코드와 마찬가지로 await를 사용할 수 있다. 이 줄의 다른 부분인 deferLater()는 asyncio.sleep(1)에 대응되는 코드이다. 1초 뒤 아무것도 하지 않는 콜백을 실행하는 퓨처에 대해 await한다.

⑤ ensureDeferred()는 트위스티드 버전의 **코루틴에 대한 스케줄링**이다. loop.create_task()나 asyncio.ensure_future()와 유사하다.

⑥ reactor에 대해 run 메서드는 asyncio의 loop.run_forever()와 동일하다.

이 스크립트를 실행하면 다음과 같은 출력을 생성한다.

```
$ twisted_asyncio.py
Mon Oct 16 16:19:49 2019 Hello 0
Mon Oct 16 16:19:50 2019 Hello 1
Mon Oct 16 16:19:51 2019 Hello 2
Mon Oct 16 16:19:52 2019 Hello 3
Mon Oct 16 16:19:53 2019 Hello 4
```

아직 트위스티드에 대해 배울 것이 더 많이 있다. 특히 트위스티드에서 구현하는 네트워크 프로토콜을 살펴볼 가치가 있다. 아직 더 개선되어야 할 부분이 많지만 트위스티드와 asyncio의 상호운용은 상당히 유용하다.

asyncio는 트위스티드나 토네이도와 같은 비동기 프레임워크와 상호운용 가능하게 설계되어 모든 코드가 동일한 이벤트 루프를 사용하는 하나의 애플리케이션으로 통합하여 개발할 수 있다.

4.3 The Janus 대기열

Janus 대기열(pip install janus로 설치한다)은 스레드와 코루틴 간 통신을 위한 솔루션이다. 우선 파이썬 표준 라이브러리에 있는 두 가지 종류의 대기열은 다음과 같다.

queue.Queue

블로킹 대기열, 스레드 간의 통신과 버퍼링에 사용

asyncio.Queue

async 호환 대기열, 코루틴 간 통신과 버퍼링에 사용

안타깝게도 두 가지 모두 스레드와 코루틴 간 통신과 버퍼링에는 사용할 수 없다. Janus를 여기서 사용한다. 하나의 대기열에서 블로킹 API와 비동기 API를 **모두** 노출한다. [예제 4-12]에서는 스레드 내에서 데이터를 생성하고 대기열에 저장한 후, 코루틴에서 데이터를 소비한다.

예제 4-12 Janus 대기열을 통한 코루틴과 스레드 간 연동

```python
# janus_demo.py
import asyncio
import random
import time

import janus

async def main():
    loop = asyncio.get_running_loop()
    queue = janus.Queue()   #①
    future = loop.run_in_executor(None, data_source, queue)
    while (data := await queue.async_q.get()) is not None:   #②
        print(f'Got {data} off queue')   #③
    print('Done.')

def data_source(queue):
    for i in range(10):
        r = random.randint(0, 4)
        time.sleep(r)   #④
```

```
        queue.sync_q.put(r)    #⑤
    queue.sync_q.put(None)

asyncio.run(main())
```

① Janus 대기열을 만든다. asyncio.Queue와 마찬가지로 Janus 대기열을 특정 이벤트 루프에 연결한다. loop 매개변수를 전달하지 않으면 표준 get_event_loop()를 내부에서 호출하여 기본 이벤트 루프에 연결된다.

② main() 코루틴 함수에서 대기열에 데이터가 저장되길 기다린다. asyncio.Queue 인스턴스에 대해 get()을 호출하여 데이터가 들어올 때까지 이 줄에서 일시 정지할 것이다. 대기열 객체에는 두 가지 **기능**이 있는데 async_q는 그중 하나로 비동기 호환 API를 제공한다.

③ 메시지를 출력한다.

④ data_source() 함수 내에서 random으로 int 값을 생성하고 sleep 시간과 데이터 값으로 사용한다. time.sleep() 호출은 블로킹이기 때문에 이 함수를 별도의 스레드에서 실행해야 한다.

⑤ Janus 대기열에 데이터를 저장한다. Janus 대기열의 또 다른 **기능**을 볼 수 있다. sync_q로 표준 블로킹 Queue API를 제공한다.

출력은 다음과 같다.

```
$ <name>
Got 2 off queue
Got 4 off queue
Got 4 off queue
Got 2 off queue
Got 3 off queue
Got 4 off queue
Got 1 off queue
Got 1 off queue
Got 0 off queue
Got 4 off queue
Done.
```

가능한 한 익스큐터 작업을 짧게 유지하면, 통신하기 위해 대기열을 쓰지 않아도 된다. 하지만 그런 방식이 가능하지 않은 상황에서 Janus 대기열은 스레드와 코루틴 간 버퍼와 데이터 전파를 위한 가장 편리한 솔루션이 될 수 있다.

4.4 aiohttp

aiohttp를 이용하면 asyncio에서 HTTP와 연관된 모든 것을 사용할 수 있다. 여기에는 HTTP 클라이언트와 서버, 웹소켓 기능을 포함한다. 예제로 간단한 'Hello World' 코드를 살펴보자.

4.4.1 사례 연구: Hello World

[예제 4–13]에서 aiohttp를 사용하는 작은 웹 서버를 확인하자.

예제 4-13 최소한의 aiohttp 예제

```
from aiohttp import web

async def hello(request):
    return web.Response(text="Hello, world")

app = web.Application()    #①
app.router.add_get('/', hello)    #②
web.run_app(app, port=8080)    #③
```

① Application 인스턴스를 만든다.

② 경로를 만들면서, 처리기로 hello()를 지정한다.

③ 웹 응용프로그램을 실행한다.

이 코드에는 루프, 태스크, 퓨처가 없다. aiohttp 프레임워크의 개발자들은 이런 것들을 숨겨 API를 매우 간결하게 만들었다. 이러한 설계는 asyncio를 기반으로 만들어진 대부분의 프레임워크들의 공통점이다. **asyncio**를 사용하면 프레임워크 설계자들이 필요한 부분만 선택하고 API 내에 캡슐화encapsulate할 수 있기 때문이다.

4.4.2 사례 연구: 뉴스 스크레이핑

aiohttp는 서버와 클라이언트에서 모두 사용할 수 있는데, 블로킹이지만 매우 유명한 **requests**[9] 라이브러리와 흡사하다. 서버와 클라이언트 간 연동하는 예제로 **aiohttp**에 대해 살펴보겠다.

이번 사례 연구에서 웹 스크레이핑을 수행하는 웹 사이트를 만들겠다. 애플리케이션에서 2개의 뉴스 웹 사이트를 스크랩하고 하나의 페이지에서 헤드라인들을 조합하여 출력한다. 구현 전략은 다음과 같다.

> 1 브라우저 클라이언트에서 `http://localhost:8080/news`로 웹 요청request을 수행한다.
> 2 웹 서버는 요청을 수신한 후 여러 뉴스 웹 사이트에서 HTML 데이터를 가져온다.
> 3 헤드라인을 추출하기 위해 각 웹 페이지에서 데이터를 스크랩한다.
> 4 헤드라인을 정렬하고 브라우저 클라이언트에게 보낼 응답 HTML로 만든다.

[그림 4-1]에서 출력을 확인할 수 있다.

최근 웹 스크레이핑은 쉽지 않다. 예를 들어 `requests.get('http://edition.cnn.com')`을 실행해도 쓸만한 데이터는 별로 얻을 수 없다. 자바스크립트JavaScript를 이용해 비동기적으로 실제 콘텐츠를 읽어 들이기 때문이다(예를 들면 Ajax가 있다). 이렇게 자바스크립트로 최종 HTML 출력을 만드는 절차를 **렌더링**rendering이라 부른다.

렌더링을 수행하기 위해, '자바스크립트 렌더링 서비스'인 Splash[10] 프로젝트를 사용할 것이다. 도커Docker[11] 컨테이너에서 실행할 수 있고 API로 다른 사이트를 렌더링할 수도 있다. 내부적으로는 WebKit 엔진으로 웹 사이트를 로드하고 렌더링하여 웹 사이트의 데이터를 수집한다. [예제 4-14]에서 확인할 수 있듯이 **aiohttp** 서버에서 웹 페이지 데이터를 수집하기 위해 Splash API를 사용하였다.

---

9 https://oreil.ly/E2s9d
10 https://oreil.ly/1IAie
11 https://www.docker.com

그림 4-1 뉴스 스크레이퍼의 최종 결과: CNN의 헤드라인과 AI Jazeera의 헤드라인을 서로 다른 색으로 표시

TIP Splash 컨테이너를 설치하고 실행하려면 셸에서 다음 명령을 실행하자.

```
$ docker pull scrapinghub/splash
$ docker run --rm -p 8050:8050 scrapinghub/splash
```

서버의 백엔드에서 http://localhost:8050에 대해 Splash API를 호출할 것이다.

예제 4-14 뉴스 스크레이퍼의 코드

```
from asyncio import gather, create_task
from string import Template
from aiohttp import web, ClientSession
from bs4 import BeautifulSoup

async def news(request):    #①
    sites = [
        ('http://edition.cnn.com', cnn_articles),    #②
        ('http://www.aljazeera.com', aljazeera_articles),
    ]
    tasks = [create_task(news_fetch(*s)) for s in sites]    #③
    await gather(*tasks)    #④
```

```python
    items = {    #⑤
        text: (    #⑥
            f'<div class="box {kind}">'
            f'<span>'
            f'<a href="{href}">{text}</a>'
            f'</span>'
            f'</div>'
        )
        for task in tasks for href, text, kind in task.result()
    }
    content = ''.join(items[x] for x in sorted(items))

    page = Template(open('index.html').read())    #⑦
    return web.Response(
        body=page.safe_substitute(body=content),    #⑧
        content_type='text/html',
    )


async def news_fetch(url, postprocess):
    proxy_url = (
        f'http://localhost:8050/render.html?'    #⑨
        f'url={url}&timeout=60&wait=1'
    )
    async with ClientSession() as session:
        async with session.get(proxy_url) as resp:    #⑩
            data = await resp.read()
            data = data.decode('utf-8')
    return postprocess(url, data)    #⑪


def cnn_articles(url, page_data):    #⑫
    soup = BeautifulSoup(page_data, 'lxml')
    def match(tag):
        return (
            tag.text and tag.has_attr('href')
            and tag['href'].startswith('/')
            and tag['href'].endswith('.html')
            and tag.find(class_='cd__headline-text')
        )
    headlines = soup.find_all(match)    #⑬
    return [(url + hl['href'], hl.text, 'cnn')
            for hl in headlines]


def aljazeera_articles(url, page_data):    #⑭
```

```
    soup = BeautifulSoup(page_data, 'lxml')
    def match(tag):
        return (
            tag.text and tag.has_attr('href')
            and tag['href'].startswith('/news')
            and tag['href'].endswith('.html')
        )
    headlines = soup.find_all(match)
    return [(url + hl['href'], hl. text, 'aljazeera')
            for hl in headlines]

app = web.Application()
app.router.add_get('/news', news)
web.run_app(app, port=8080)
```

① news()함수는 /news URL에 대한 처리기이다. 모든 헤드라인을 보여주는 HTML 페이지를 반환한다.

② 여기서 2개의 웹 사이트를 스크레이핑한다. CNN과 Al Jazeera이다. 쉽게 웹 사이트를 더 추가할 수 있지만 cnn_articles()와 aljazeera_articles() 함수같이 웹 사이트별로 헤드라인을 추출하는 후처리 함수를 추가해야 한다.

③ 각 뉴스 사이트에 대해 해당 사이트의 프런트 페이지에서 HTML 페이지 데이터를 가져와서 처리하는 태스크를 생성한다. news_fetch() 코루틴 함수에 매개변수로 URL과 후처리 함수를 전달해야 하기 때문에 튜플을 ((*s))로 풀어 전달한다. news_fetch()를 호출하면 **<기사 URL>, <기사 제목>** 형식으로 헤드라인들의 **튜플 리스트**를 반환한다.

④ 모든 태스크를 하나의 Future로 모은다(gather()가 수집한 모든 태스크의 상태를 나타내는 퓨처를 반환한다). 그리고 해당 퓨처에 await하여 모든 태스크가 완료되길 대기한다. 퓨처가 완료될 때까지 이 줄에서 일시 정지할 것이다.

⑤ 모든 news_fetch() 태스크가 완료되었다. 모든 결과를 딕셔너리에 저장한다. 내포된nested 컴프리헨션으로 태스크들에 대해 반복하고 각 태스크가 반환한 튜플 리스트에 대해서도 반복한다. **f-문자열**을 사용하여 페이지의 종류, 링크, 제목을 추출한다.

⑥ 이 딕셔너리에서 **키**는 헤드라인 제목이고 **값**은 결과 페이지에 노출할 HTML div 태그 문자열이다.

⑦ 웹 서버는 HTML을 응답 데이터로 반환할 것이다. `index.html`이라는 로컬 파일을 템플릿으로 읽어 들인다. 해당 파일의 내용은 [예제 B-2]에 있다.

⑧ 수집한 헤드라인 `div`를 템플릿에 넣어 페이지를 만들고 브라우저 클라이언트에게 그 페이지를 반환한다. 여기서 생성된 페이지는 [그림 4-1]에서 확인할 수 있다.

⑨ `news_fetch()` 코루틴 함수 내에 Splash API를 호출하기 위한 작은 템플릿이 있다 (Splash API는 로컬 도커 컨테이너에서 8050 포트로 실행 중이다). 이것이 `aiohttp`가 HTTP 클라이언트로 사용하는 방법이다.

⑩ 표준적 방법은 `ClientSession()` 인스턴스를 생성하고 해당 인스턴스에 대해 `get()` 메서드를 실행하여 REST 호출을 수행하는 것이다. 다음 줄에서 응답 데이터를 얻는다. 모든 코루틴을 `async with`와 `await`로 실행하고 있어 코루틴은 블로킹되지 않는다. `news_fetch()` 내부에서 웹 호출을 하기 때문에 다소 느릴 수 있으나 코루틴으로 처리하므로 수천 개의 요청도 처리할 수 있다.

⑪ 데이터를 얻으면 후처리 함수를 호출한다. CNN에 대해서는 `cnn_articles()`를 호출하고, Al Jazeera에 대해서는 `aljazeera_articles()`를 호출한다.

⑫ 후처리 함수는 간략히 확인하겠다. 페이지 데이터를 얻고 나면, Beautiful Soup 4 라이브러리로 헤드라인을 추출한다.

⑬ `match()` 함수는 일치하는 태그를 모두 반환한다(태그를 뽑아내기 가장 적절한 필터 조합을 찾기 위해 뉴스 사이트의 HTML 소스를 수작업으로 분석하였다). **<기사 URL>**, **<기사 제목>** 형식의 튜플 리스트를 반환한다.

⑭ Al Jazeera 후처리 함수이다. `match()` 조건이 다소 다르지만, 다른 부분은 CNN의 후처리기와 같다.

일반적으로 `aiohttp`의 API는 간단하여, 애플리케이션 개발에 방해가 되지 않는다.

다음 절에서는 소켓 프로그래밍을 상당히 즐겁게 만드는 기이한 효과를 가진 `asyncio`의 ZeroMQ를 사용하는 방법을 알아보겠다.

4.5 ØMQ(ZeroMQ)

프로그래밍은 인문학적인 과학이다. 우리들 중 대부분은 소프트웨어의 원리를 알지 못하고 배울 기회도 별로 없다. 소프트웨어의 원리는 알고리즘, 데이터 구조, 언어, 추상화에 관한 것이 아니다. 이러한 것들은 만들어서 사용하다가 버리는 도구일 뿐이다. 소프트웨어의 진정한 원리는 사람에 대한 것이다. 특히, 복잡성 그 자체와 거대한 문제를 풀어내고자 하는 욕망 속에서 나타나는 우리의 한계에 대한 것이다. 이것이 바로 프로그래밍의 원리이다. 즉, 사람들이 이해하고 사용하기 쉬운 빌딩 블록을 만들고 더 큰 문제들을 해결하기 위해 협업하는 것이다.

– 피터 힌티언스Pieter Hintjens, 『ZeroMQ』(O'Reilly Media, 2013)

ØMQ(혹은 ZeroMQ[12])은 네트워킹 애플리케이션을 위한, 언어에 중립적인, 인기 있는 라이브러리이다. 또한, '스마트' 소켓을 제공한다. 코드에서 ØMQ 소켓을 만들어보면 일반적인 소켓과 비슷하고 메서드들의 이름도 recv(), send() 등으로 비슷하다. 하지만 ØMQ 소켓을 만들면 전통적인 소켓을 사용할 때 필요한 귀찮고 지루한 작업을 내부적으로 처리해준다.

그러한 기능 중 하나로 메시지 전달 관리가 있다. 프로토콜을 직접 정의하거나 메시지가 전부 도착했는지 확인하기 위해 바이트를 세는 것과 같은 작업을 할 필요가 없다. '메시지'라고 생각되는 것은 무엇이든 보내면 온전히 상대편에 도착한다.

또 다른 훌륭한 기능으로 자동 재연결 기능이 있다. 서버가 다운되었다가 되살아나면 클라이언트의 ØMQ 소켓은 **자동으로** 재연결한다. 게다가 전송하려 했던 메시지가 연결이 끊긴 시간 동안 소켓 내부에 버퍼링 되어 있다가 서버가 살아나면 알아서 전송된다. 이러한 이유로 ØMQ를 때로는 **브로커 없는 메시징[13]**이라고 부른다. 메시지 브로커의 기능 중 일부를 소켓 자체에서 직접 지원하기 때문이다.

ØMQ 소켓은 내부적으로 이미 비동기식이다(그래서 스레드를 사용하지 않고도 병행적으로 수천 개의 네트워크 연결을 유지할 수 있다). 하지만 이는 ØMQ API 내부에 숨겨져 있다. 그

---

12 http://zeromq.org
13 https://oreil.ly/oQE4x

렇지만 Asyncio에 대한 지원이 PyZMQ[14] 라는 ØMQ 라이브러리에 대한 파이썬 바인딩에 추가되었다. 이번 절에서는 스마트 소켓과 파이썬 애플리케이션을 같이 사용하는 몇 가지 예제를 살펴보겠다.

4.5.1 사례 연구: 다중 소켓

ØMQ에서 비동기 소켓을 제공한다면, 게다가 스레드와 함께 사용할 수도 있다면, 왜 ØMQ를 asyncio와 함께 사용하는가? 답은 더 간결한 코드이다.

동일한 애플리케이션 내에서 여러 개의 ØMQ 소켓을 사용하는 사례 연구를 살펴보자. 우선 [예제 4-15]에서 블로킹 버전을 확인하자(이 예제는 ØMQ의 공식 가이드인 zguide[15]에서 가져왔다).

예제 4-15 전통적인 ØMQ 사용법

```
# poller.py
import zmq

context = zmq.Context()
receiver = context.socket(zmq.PULL)    #①
receiver.connect("tcp://localhost:5557")

subscriber = context.socket(zmq.SUB)    #②
subscriber.connect("tcp://localhost:5556")
subscriber.setsockopt_string(zmq.SUBSCRIBE, '')

poller = zmq.Poller()    #③
poller.register(receiver, zmq.POLLIN)
poller.register(subscriber, zmq.POLLIN)

while True:
    try:
        socks = dict(poller.poll())    #④
    except KeyboardInterrupt:
        break
```

---

14 https://oreil.ly/N8w7J
15 https://oreil.ly/qXAj8

```
    if receiver in socks:
        message = receiver.recv_json()
        print(f'Via PULL: {message}')

    if subscriber in socks:
        message = subscriber.recv_json()
        print(f'Via SUB: {message}')
```

① ØMQ 소켓은 **형**을 가진다. 이 소켓은 PULL 소켓으로, **수신-전용**이다. 이 소켓에 데이터를 전송하는 소켓은 PUSH 소켓으로 **송신-전용**이다.

② SUB 소켓은 또 다른 종류의 수신-전용 소켓이고 송신-전용인 PUB 소켓이 데이터를 전송한다.

③ 스레드를 사용하는 ØMQ 애플리케이션에서 여러 소켓 간에 데이터를 전달해야 하는 경우 **poller**가 필요하다. 소켓은 스레드-안전성이 없기 때문에 다른 스레드에서 생성한 다른 소켓에 대해 recv()를 사용할 수 없다.[16]

④ select() 시스템 호출과 비슷하게 동작한다. 등록된 소켓 중 하나에 데이터가 도착하면 **poller**의 블로킹이 풀리고, 이후 소켓에서 데이터를 가져다 어떻게 할지는 여러분의 몫이다. 거대한 if 블록은 소켓의 형을 찾는 과정이다.

poller 루프와 소켓 선택 블록을 같이 써서 코드가 좀 지저분하지만 이 접근 방식으로 여러 개의 스레드에서 동일한 소켓을 사용하지 않도록 할 수 있어 스레드-안전성 문제를 방지할 수 있다. [예제 4-16]에서 서버 코드를 확인하자.

예제 4-16 서버 코드

```
# poller_srv.py
import zmq, itertools, time

context = zmq.Context()
pusher = context.socket(zmq.PUSH)
pusher.bind("tcp://*:5557")
```

---

16 실제로는 사용할 수 **있기는 한데** 소켓을 완전히 각각의 스레드에서 생성하고 사용하고 제거할 수 있다는 조건을 반드시 만족시켜야 한다. 가능하지만 매우 어렵기 때문에, 하나의 스레드만 사용하고 폴링(polling) 방식을 사용하길 추천한다.

```
publisher = context.socket(zmq.PUB)
publisher.bind("tcp://*:5556")

for i in itertools.count():
    time.sleep(1)
    pusher.send_json(i)
    publisher.send_json(i)
```

이 코드에서 논의할 부분은 없지만 간략히 살펴보겠다. PUSH 소켓과 PUB 소켓이 있고 루프 내에서 매초마다 2개 소켓 모두에 데이터를 전송한다. 다음은 **poller.py**의 출력이다(**2개** 프로그램 모두 실행 중이어야 한다).

```
$ poller.py
Via PULL: 0
Via SUB: 0
Via PULL: 1
Via SUB: 1
Via PULL: 2
Via SUB: 2
Via PULL: 3
Via SUB: 3
```

코드는 작동한다. 하지만 코드 작동 여부가 중요한 것이 아니라 asyncio로 **poller.py**의 구조를 개선할 부분이 있는가가 중요하다. **asyncio** 코드는 하나의 스레드에서 동작하므로, 여러 개의 **코루틴**에서 여러 개의 소켓을 처리해도 괜찮다.

물론 누군가는 힘들게 일을 해서 코루틴을 지원하는 **pyzmq**(ØMQ용 파이썬 클라이언트 라이브러리) 라이브러리를 만들어두었다.[17] 거저 되는 일은 아니었으나, 우리는 '전통적인' 코드 구조의 개선을 위해 이용해보겠다. [예제 4-17]을 살펴보자.

예제 4-17 asyncio를 이용한 깔끔한 분리

```
# poller_aio.py
import asyncio
import zmq
```

---

17 http://bit.ly/2sPCihI

```python
from zmq.asyncio import Context

context = Context()

async def do_receiver():
    receiver = context.socket(zmq.PULL)    #①
    receiver.connect("tcp://localhost:5557")
    while message := await receiver.recv_json():    #②
        print(f'Via PULL: {message}')

async def do_subscriber():
    subscriber = context.socket(zmq.SUB)    #③
    subscriber.connect("tcp://localhost:5556")
    subscriber.setsockopt_string(zmq.SUBSCRIBE, '')
    while message := await subscriber.recv_json():    #④
        print(f'Via SUB: {message}')

async def main():
    await asyncio.gather(
        do_receiver(),
        do_subscriber(),
    )

asyncio.run(main())
```

① 이 코드는 [예제 4-15]와 동일하게 작동하지만, 코루틴을 사용하여 전체적으로 재구성하였다. 이제 각각의 소켓은 독립적인 함수로 작동한다. 2개의 코루틴 함수를 만들고 각각에서 소켓을 만들었다. 이 줄은 PULL 소켓이다.

② pyzmq의 asyncio 지원을 사용하여 send()와 recv() 호출 시 await 키워드를 사용해야 한다. Poller는 더 존재하지 않고 asyncio 이벤트 루프로 통합하였다.

③ 이것은 SUB 소켓의 처리기이다. PULL 소켓 처리기와 매우 흡사해 보이지만, 동일할 필요는 없다. 더 복잡한 로직도 SUB 처리기 내에서 쉽게 처리할 수 있다.

④ asyncio 호환 소켓은 송신과 수신 위해 await 키워드를 써야 한다.

출력은 이전의 예제와 동일하여 포함하지 않았다.

필자는 코루틴을 사용하면 코드 레이아웃에 놀라운 정도로 긍정적인 효과를 얻을 수 있다고 생각한다. ØMQ 소켓을 사용하는 상용 코드에서는 각각의 소켓을 처리하는 코루틴 처리기를 별도의 파일로 분리하여 더 나은 코드 구조로 만든다. 하나의 수신/송신 소켓을 사용하는 프로그램이더라도 수신과 송신에 대해 별도의 코루틴을 사용하는 것이 더 쉽다.

개선된 코드는 스레드를 사용하는 경우와 유사한 형태를 보였다. 실제로 스레드를 사용하는 경우에도 동일한 구조로 구성하면 된다. 블로킹 do_reciever()와 do_subscriber()를 각각의 스레드에서 실행하면 된다. 하지만 애플리케이션이 시간이 지남에 따라 기능과 복잡도가 늘어나면 경합 조건의 **가능성**도 증가할 것이다.

이제부터 탐험해 볼 부분이 많다. 다음 사례 연구에서는 ØMQ를 실제로 활용하는 방법에 대해 더 알아보겠다.

4.5.2 사례 연구: 애플리케이션 성능 모니터링

오늘날 현대적이고 컨테이너 기반의 마이크로서비스 배포 환경에서는 애플리케이션의 CPU와 메모리 사용량을 확인하는 작업이 예전과 같이 단지 top을 실행하는 것만으로는 처리하기 힘든 문제가 되었다. 이 문제를 해결하기 위해 몇 년 동안 여러 가지 상용 제품이 출시되었지만 소규모 스타트업이나 취미 생활인 고객들에게는 비용이 너무 크다.

이번 사례 연구에서는 ØMQ와 asyncio를 활용하여 분산 애플리케이션 모니터링을 수행하는 작은 프로토타입을 만들겠다. 설계는 다음과 같이 3개의 부분으로 구성한다.

애플리케이션 계층

이 계층에 모든 애플리케이션이 포함되어 있다. 예를 들면 '고객' 마이크로서비스, '예약' 마이크로서비스, '이메일 전송' 마이크로서비스 등이 있다. ØMQ '전송transmitting' 소켓을 각 애플리케이션에 추가할 것이다. 이 소켓은 중앙 서버에 성능 지표를 전송할 것이다.

수집 계층

중앙 서버는 ØMQ 소켓을 노출하여 실행 중인 애플리케이션으로부터 데이터를 수집한다. 또한 서버는 시간에 따른 성능 그래프를 웹 페이지로 노출하고 데이터를 실시간으로 갱신한다.

시각화 계층

노출 중인 웹 페이지이다. 수집된 데이터를 차트 형태로 보이고 실시간으로 갱신한다. 코드를 간소화하기 위해 간편한 Smoothie Charts[18] 자바스크립트 라이브러리를 활용하였다.

지표를 만드는 백엔드 애플리케이션(애플리케이션 계층)을 [예제 4-18]에서 확인할 수 있다.

예제 4-18 애플리케이션 계층: 지표 만들기

```python
import argparse
import asyncio
from random import randint, uniform
from datetime import datetime as dt
from datetime import timezone as tz
from contextlib import suppress
import zmq, zmq.asyncio, psutil

ctx = zmq.asyncio.Context()

async def stats_reporter(color: str):    #①
    p = psutil.Process()
    sock = ctx.socket(zmq.PUB)    #②
    sock.setsockopt(zmq.LINGER, 1)
    sock.connect('tcp://localhost:5555')    #③
    with suppress(asyncio.CancelledError):    #④
        while True:    #⑤
            await sock.send_json(dict(    #⑥
                color=color,
                timestamp=dt.now(tz=tz.utc).isoformat(),    #⑦
                cpu=p.cpu_percent(),
                mem=p.memory_full_info().rss / 1024 / 1024
            ))
            await asyncio.sleep(1)
    sock.close()    #⑧

async def main(args):
    asyncio.create_task(stats_reporter(args.color))
    leak = []
    with suppress(asyncio.CancelledError):
        while True:
```

----

18 http://smoothiecharts.org

```
                    sum(range(randint(1_000, 10_000_000)))    #⑨
                    await asyncio.sleep(uniform(0, 1))
                    leak += [0] * args.leak

if __name__ == '__main__':
    parser = argparse.ArgumentParser()
    parser.add_argument('--color', type=str)    #⑩
    parser.add_argument('--leak', type=int, default=0)
    args = parser.parse_args()
    try:
        asyncio.run(main(args))
    except KeyboardInterrupt:
        print('Leaving...')
        ctx.term()    #⑪
```

① 이 코루틴 함수는 수명이 긴 코루틴으로 실행되어 지속적으로 서버 프로세스에게 데이터를 전송한다.

② ØMQ 소켓을 만든다. 여러 가지 형의 소켓 중 PUB 형이다. 다른 ØMQ 소켓에게 일방향으로 메시지를 전송한다. ØMQ 가이드에서 명시한 바와 같이 이 소켓은 아주 강력하여 자동으로 연결과 버퍼링을 처리한다.

③ 서버에 연결한다.

④ 종료 절차는 KeyboardInterrupt에 의해 시작된다. 시그널을 받으면 모든 태스크를 취소한다. 발생한 CancelledError를 contextlib 표준 라이브러리 모듈 내의 suppress() 콘텍스트 관리자로 처리한다.

⑤ 데이터를 서버로 전송하는 동작을 무한 반복한다.

⑥ ØMQ는 바이트 스트림 처리뿐만 아니라 메시지를 통으로 처리할 수 있기 때문에 일반적인 sock.send()를 감싼 유용한 메서드를 여럿 노출하고 있다. 그중 하나로 send_json() 이 있는데 자동으로 인수를 JSON으로 직렬화하여 전송해준다. 따라서 우리는 dict()를 직접 사용할 수 있다.

⑦ datetime 정보를 전송하는 신뢰성 높은 방법은 ISO 8601 형식을 사용하는 것이다. 대부분의 컴퓨터 언어에서 이 표준을 지원하기 때문에 언어가 서로 다른 경우 특히 유용하다.

⑧ 여기서 종료하기 위해서는 태스크 취소로 인해 발생하는 CancelledError 예외를 처리

해야 한다. ØMQ 소켓도 닫아야 한다.

⑨ main() 함수는 실제 마이크로서비스 애플리케이션을 의미한다. 랜덤 숫자를 합하여 가짜 지표를 만들어 시각화 계층에서 표시할 수 있도록 하였다.

⑩ 이 애플리케이션의 인스턴스를 여러 개 생성하고, --color 매개변수로 그래프에서 서로 구분되도록 하였다.

⑪ 마지막으로 ØMQ 콘텍스트를 종료한다.

우선 보아야 하는 부분은 stats_reporter() 함수이다. 여기서 psutil 라이브러리로 수집한 지표 데이터를 전송한다. 나머지 코드는 전형적인 마이크로서비스 애플리케이션이다.

[예제 4-19]의 서버 코드에서는 모든 데이터를 수집하고 웹 클라이언트에게 제공한다.

예제 4-19 수집 계층: 이 서버에서 프로세스의 상태를 수집한다

```python
# metric-server.py
import asyncio
from contextlib import suppress
import zmq
import zmq.asyncio
import aiohttp
from aiohttp import web
from aiohttp_sse import sse_response
from weakref import WeakSet
import json

# zmq.asyncio.install()
ctx = zmq.asyncio.Context()
connections = WeakSet()    #①

async def collector():
    sock = ctx.socket(zmq.SUB)    #②
    sock.setsockopt_string(zmq.SUBSCRIBE, '')    #③
    sock.bind('tcp://*:5555')    #④
    with suppress(asyncio.CancelledError):
        while data := await sock.recv_json():    #⑤
            print(data)
            for q in connections:
                await q.put(data)    #⑥
```

```
        sock.close()

async def feed(request):    #⑦
    queue = asyncio.Queue()
    connections.add(queue)    #⑧
    with suppress(asyncio.CancelledError):
        async with sse_response(request) as resp:    #⑨
            while data := await queue.get():    #⑩
                print('sending data:', data)
                await resp.send(json.dumps(data))    #⑪
    return resp

async def index(request):    #⑫
    return aiohttp.web.FileResponse('./charts.html')

async def start_collector(app):    #⑬
    app['collector'] = app.loop.create_task(collector())

async def stop_collector(app):
    print('Stopping collector...')
    app['collector'].cancel()    #⑭
    await app['collector']
    ctx.term()

if __name__ == '__main__':
    app = web.Application()
    app.router.add_route('GET', '/', index)
    app.router.add_route('GET', '/feed', feed)
    app.on_startup.append(start_collector)    #⑮
    app.on_cleanup.append(stop_collector)
    web.run_app(app, host='127.0.0.1', port=8088)
```

① 이 프로그램의 절반은 다른 애플리케이션에서 데이터를 수신하고 다른 절반은 **서버-송신 이벤트**server-sent event(SSE)를 브라우저 클라이언트에게 제공한다. WeakSet()를 사용하여 현재 연결된 웹 클라이언트를 저장하고 각 클라이언트는 연관된 Queue() 인스턴스를 가진다. 따라서 이 **connections** 변수는 실상 대기열의 집합이라고 할 수도 있다.

② 애플리케이션 계층에서 zmq.PUB 소켓을 사용했었다. 이번 수집 계층에서는 그 상대방인 zmq.SUB 소켓 형을 사용하겠다. 이 ØMQ 소켓은 단지 수신만 하고 송신은 하지 않는다.

③ zmq.SUB 소켓 형을 쓰기 위해서는 구독 이름이 필요하지만, 모든 데이터를 수집할 것이

므로 구독 이름을 비워둔다.

④ zmq.SUB 소켓을 **바인드**, 즉 소켓에 프로토콜, 주소, 포트를 할당한다. 이에 대해 잠시 생각해보자. 발행–구독 설계에서는, 보통 **발행** 쪽 서버를 만들고(bind()) **구독** 쪽 클라이언트를 만든다(connect()). ØMQ는 달라서 양쪽이 모두 서버가 될 수 있다. 하지만 이번 예제에서는 모든 애플리케이션 계층의 인스턴스는 동일한 수집 서버에 접속하고 수집 서버는 애플리케이션 계층의 인스턴스에 접속하지 않는다.

⑤ pyzmq에서 asyncio를 지원하여, 연결된 애플리케이션으로부터 데이터를 받기 위해 await를 할 수 있다. 뿐만 아니라, 수신된 데이터는 자동으로 JSON으로 역직렬화된다(즉 data의 값은 dict()이다).

⑥ connections 집합의 각 연결된 웹 클라이언트는 각각의 대기열을 가지고 있다. 데이터를 받았으니 클라이언트에게 전송하기 위해 데이터를 각 클라이언트의 대기열에 저장한다.

⑦ feed() 코루틴 함수에서 각 연결된 웹 클라이언트에 대한 코루틴을 만든다. 내부적으로 서버–송신 이벤트[19]를 사용하여 데이터를 웹 클라이언트에게 전송한다.

⑧ 앞서 설명한 바와 같이, 각 웹 클라이언트는 각자의 queue 인스턴스를 가지고 있어 collector() 코루틴으로 부터 데이터가 저장된다. queue 인스턴스를 connections 집합에 추가한다. 그런데 connecitons가 **약한**weak 집합이기 때문에 queue가 범위에서 벗어나면 즉, 웹 클라이언트의 연결이 끊기면 connections에서 자동으로 제거된다. Weakrefs[20]에서 상세한 내용을 확인할 수 있다.

⑨ aiohttp_sse 패키지는 sse_response() 콘텍스트 관리자를 제공한다. 이를 통해 데이터를 웹 클라이언트에게 전송하는 코드 범위code scope를 지정할 수 있다.

⑩ 웹 클라이언트에 연결된 상태로 이 클라이언트의 대기열에 데이터가 들어오길 기다린다.

⑪ 데이터를 받자마자(collector()로) 연결된 웹 클라이언트에게 전송한다. data 딕셔너리를 여기서 다시 직렬화하였다. 최적화하기 위해서는 collector()에서 JSON 역직렬화를 하지 않고 sock.recv_string()을 사용하는 것이다. 물론 실제 상용 애플리케이션에서는 역직렬화하여 데이터를 검증한 후 브라우저 클라이언트에게 전달할 수도 있다.

---

19 https://mzl.la/2omEs3t
20 https://oreil.ly/fRmdu

⑫ index() 엔드포인트endpoint는 첫 번째 페이지로 **charts.html** 이라는 정적 파일을 제공한다.

⑬ **aiohttp** 라이브러리는 수명이 긴 코루틴을 후킹hooking하는 기능을 제공한다. collector() 코루틴과 관련하여 필요하였다. 시작 코루틴인 start_collector()와 종료 코루틴을 만들고, aiohttp의 시작과 종료 절차 중에 호출되도록 한다. **app** 자체에 collector 태스크를 추가한다. **app**은 매핑 프로토콜을 구현하므로 딕셔너리처럼 사용할 수 있다.

⑭ collector() 코루틴을 app 변수에서 얻고 cancel()을 호출한다.

⑮ 마지막으로 사용자 정의된 시작 및 종료 코루틴을 후킹 설정한다. **app** 인스턴스에서 후킹을 제공하므로 사용자 정의된 코루틴을 추가할 수 있다.

이제 남은 것은 시각화 계층으로 [예제 4-20]에서 확인하자. Smoothie Charts 라이브러리[21]를 사용하여 스크롤링 차트를 만들었고 **charts.html**을 사용하여 HTML을 완성하였다([예제 B-1]에서 확인할 수 있다). 이번 절에서 HTML, CSS, 자바스크립트를 모두 설명할 수는 없고 브라우저 클라이언트에서 서버-전송 이벤트를 자바스크립트로 어떻게 처리하는지만 확인하겠다.

예제 4-20 시각화 계층: '브라우저'라는 멋진 표현 방법

```
<snip>
var evtSource = new EventSource("/feed");    #①
evtSource.onmessage = function(e) {
    var obj = JSON.parse(e.data);    #②
    if (!(obj.color in cpu)) {
        add_timeseries(cpu, cpu_chart, obj.color);
    }
    if (!(obj.color in mem)) {
        add_timeseries(mem, mem_chart, obj.color);
    }
    cpu[obj.color].append(
        Date.parse(obj.timestamp), obj.cpu);    #③
    mem[obj.color].append(
```

---

21 http://smoothiecharts.org

```
        Date.parse(obj.timestamp), obj.mem);
    };
<snip>
```

① 새 EventSource() 인스턴스를 /feed URL에 생성한다. 브라우저는 서버의
/feed(metric_server.py)에 접속할 것이다. 연결이 끊기면 브라우저는 자동으로 재접
속을 시도한다. 서버-전송 이벤트는 자주 간과되지만 단순해서 웹소켓보다 선호된다.

② onmessage 이벤트는 서버가 데이터를 전송할 때마다 발생한다. 데이터를 파싱하여
JSON으로 만든다.

③ cpu 변수는 색상과 TimeSeries() 인스턴스의 매핑이다([예제 B-3]에서 상세한 내용을
확인할 수 있다). 여기서 TimeSeries 객체에 데이터를 추가한다. timestamp는 파싱하여
차트에 적합한 형식으로 저장한다.

이제 코드를 실행해보자. 전체 동작을 확인하기 위해 정해진 순서대로 실행해야 한다. 첫 번째
는 수집 서버를 시작하는 것이다.

```
$ metric-server.py
======== Running on http://127.0.0.1:8088 ========
(Press CTRL+C to quit)
```

다음으로 모든 마이크로서비스 인스턴스를 시작한다. 각 인스턴스는 CPU와 메모리 사용량을
수집 서버로 전송한다. 각 인스턴스는 서로 다른 색으로 구분되고 색은 명령줄에서 지정한다.
마이크로서비스 중 2개는 메모리 누수를 일으키는 것으로 설정한다.

```
$ backend-app.py --color red &
$ backend-app.py --color blue --leak 10000 &
$ backend-app.py --color green --leak 100000 &
```

[그림 4-2]에서 브라우저상의 최종 결과를 확인할 수 있다. 그래프가 정말 사실적이다. 직전의
명령에서 파랑과 녹색에 메모리 누수를 설정했었다. 100메가바이트 이상으로 치솟지 않도록
여러 번 녹색 서비스를 재시작해야 했다.

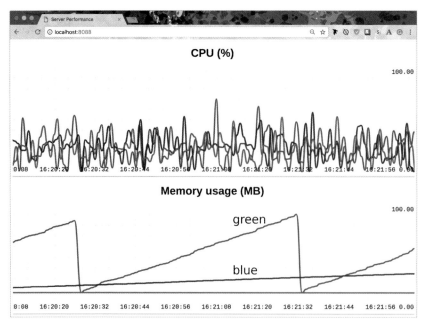

그림 4-2 녹색에는 즉시 SRE(site reliability engineering)을 적용해야겠다

이 프로젝트에서 특히 흥미로운 점은 실행 중인 **모든** 인스턴스를 재시작할 수 있지만 어떠한 재연결 처리 기능도 넣지 않았다는 점이다. ØMQ 소켓과 브라우저 클라이언트의 EventSource() 자바스크립트 인스턴스는 마법과도 같이 서로 알아서 재연결한다.

다음 절에서는 데이터베이스 및 asyncio를 통한 캐시 무효화cache invalidation 설계에 대해 알아보겠다.

4.6 asyncpg와 Sanic

asyncpg 라이브러리[22]는 PostgreSQL 데이터베이스에 대한 클라이언트 라이브러리로 다른 asyncio 호환 Postgres 클라이언트 라이브러리와는 속도에서 차별점을 두고 있다. asyncpg 의 개발자는 유리 셀리바노프[23]로 asyncio의 핵심 개발자 중 한 명이자 uvloop 프로젝트의 저

----

22 https://oreil.ly/yGdNh
23 https://twitter.com/1st1

자이기도 하다. 다른 서드파티 라이브러리에 대한 의존성은 없으나, 소스를 통해 설치하고자
한다면 사이썬[24]이 필요하다.

asyncpg는 PostgreSQL 바이너리 프로토콜을 직접 구현하여 빠른 속도 달성하였다. 또한
prepared statements[25]와 scrollable cursors[26]에 대한 직접적 지원과 같은 저수준 기능도
지원한다는 점도 장점이다.

asyncpg를 사용하여 캐시 무효화 사례를 확인해보겠다. 그 전에 asyncpg API에 대한 기본적
인 내용을 확인해보겠다. 이번 절의 모든 코드를 실행하기 위해서는 PostgreSQL 인스턴스가
필요하다. 이를 위해 다음 명령으로 도커에 쉽게 설치할 수 있다.

```
$ : docker run -d --rm -p 55432:5432 -e POSTGRES_HOST_AUTH_METHOD=trust postgres
```

PostgreSQL이 이미 설치된 경우 충돌할 수 있으므로, 기본 포트인 5432 포트가 아닌 55432
포트를 사용하도록 하였다. [예제 4-21]에서 간단히 asyncpg로 PostgreSQL과 통신해보
겠다.

예제 4-21 asyncpg에 대한 기본 예제

```python
# asyncpg-basic.py
import asyncio
import asyncpg
import datetime
from util import Database    #①

async def main():
    async with Database('test', owner=True) as conn:    #②
        await demo(conn)

async def demo(conn: asyncpg.Connection):
    await conn.execute('''
        CREATE TABLE users(
            id serial PRIMARY KEY,
            name text,
            dob date
```

----

24 http://cython.org
25 http://bit.ly/2sMNlIz
26 http://bit.ly/2Chr0H5

```
        )'''
    )   #③

    pk = await conn.fetchval(   #④
        'INSERT INTO users(name, dob) VALUES($1, $2) '
        'RETURNING id', 'Bob', datetime.date(1984, 3, 1)
    )

    async def get_row():   #⑤
        return await conn.fetchrow(   #⑥
            'SELECT * FROM users WHERE name = $1',
            'Bob'
        )
    print('After INSERT:', await get_row())   #⑦

    await conn.execute(
        'UPDATE users SET dob = $1 WHERE id=1',
        datetime.date(1985, 3, 1)   #⑧
    )
    print('After UPDATE:', await get_row())

    await conn.execute(
        'DELETE FROM users WHERE id=1'
    )
    print('After DELETE:', await get_row())

if __name__ == '__main__':
    asyncio.run(main())
```

① 몇 가지 boilerplate 코드를 포함하는 작은 **util** 모듈에 제작하여 코드를 간소화하고 중요한 부분에 집중할 수 있도록 한다(상용구 코드는 [예제 4-22]에서 확인 가능하다).

② **Database** 클래스로 콘텍스트 관리자를 얻어 **test** 라는 이름의 데이터베이스를 생성하고 콘텍스트 관리자 종료 시에는 데이터베이스를 제거한다. 이 방법은 항상 깨끗한 데이터베이스로 각 실험을 진행할 수 있기 때문에 코드에서 몇 가지 실험할 때 상당히 유용하다. **async with** 콘텍스트 관리자라는 점도 중요하나, 이번 예제에서는 demo() 코루틴에만 집중하겠다.

③ **Database** 콘텍스트 관리자는 **Connection** 인스턴스를 제공하여 **users** 테이블을 생성한다.

④ fetchval()을 사용하여 새 레코드^{record}를 추가^{insert}한다. execute()를 사용할 수도 있지만, fetchval()을 사용하면 새로운 레코드의 id를 얻을 수 있다. 얻은 id를 pk 변수에 저장한다.

SQL 쿼리에 데이터를 전달하기 위해 **매개변수**($1와 $2)를 사용한다. 보안 위험이 있으므로 **절대** 문자열을 대치하거나 이어 붙여 SQL 쿼리를 생성하면 안 된다.

⑤ 이 데모의 나머지 부분에서 users 테이블의 데이터를 조작할 예정이다. 여기서 테이블의 레코드를 가져오는 유틸리티 함수를 만든다. 여러 번 호출될 것이다.

⑥ 데이터를 **가져올 때** fetch 기반 메서드를 사용하여 Record 객체를 반환받는 편이 더 유용하다. asyncpg에서 가장 적절한 파이썬 형으로 자동으로 형 변환한다.

⑦ 새로 추가한 레코드를 보이기 위해 get_row()를 사용한다.

⑧ SQL에서 UPDATE 명령어를 사용하여 데이터를 수정한다. 데이터를 약간 수정하여 출생일에서 연도를 1년 늘린다. 전과 마찬가지로, 연결에 대해 execute() 메서드를 실행한다. 나머지 부분에서도 동일한 구조를 사용하여 DELETE 명령어 실행 후 print()를 수행한다.

이 스크립트의 출력은 다음과 같다.

```
$ asyncpg-basic.py
After INSERT: <Record id=1 name='Bob' dob=datetime.date(1984, 3, 1)>
After UPDATE: <Record id=1 name='Bob' dob=datetime.date(1985, 3, 1)>
After DELETE: None
```

Record 객체로 얻어온 날짜 값을 파이썬 date 객체로 변환한 방법에 유의하자. asyncpg는 자동으로 SQL 형을 적절한 파이썬 형으로 형 변환하였다. asyncpg 문서의 형 변환[27]에 대한 표를 확인하면 라이브러리에서 자동으로 변환하는 형 간의 매핑에 대해 확인할 수 있다.

앞의 코드는 SQLAlchemy와 같은 ORM이나 Django 웹 프레임워크의 내장된 ORM에 비하면 너무 단출하다. 4장 끝에서 asyncpg를 위한 ORM 혹은 유사ORM 기능을 제공하는 서드파티 라이브러리를 확인하겠다.

---

27 http://bit.ly/2sQszaQ

[예제 4-22]에서 **utils** 모듈의 **Database** 객체를 확인할 수 있는데, 해당 객체는 상용구 역할을 한다.

예제 4-22 asyncpg 실험에 유용한 도구

```python
# util.py
import argparse, asyncio, asyncpg
from asyncpg.pool import Pool

DSN = 'postgresql://{user}@{host}:{port}'
DSN_DB = DSN + '/{name}'
CREATE_DB = 'CREATE DATABASE {name}'
DROP_DB = 'DROP DATABASE {name}'

class Database:
    def __init__(self, name, owner=False, **kwargs):
        self.params = dict(
            user='postgres', host='localhost',
            port=55432, name=name)    #①
        self.params.update(kwargs)
        self.pool: Pool = None
        self.owner = owner
        self.listeners = []

    async def connect(self) -> Pool:
        if self.owner:
            await self.server_command(
                CREATE_DB.format(**self.params))    #③

        self.pool = await asyncpg.create_pool(    #④
            DSN_DB.format(**self.params))
        return self.pool

    async def disconnect(self):
        """데이터베이스 삭제"""
        if self.pool:
            releases = [self.pool.release(conn)
                        for conn in self.listeners]
            await asyncio.gather(*releases)
            await self.pool.close()    #⑤
        if self.owner:
            await self.server_command(    #⑥
                DROP_DB.format(**self.params))
```

```python
    async def __aenter__(self) -> Pool:    #②
        return await self.connect()

    async def __aexit__(self, *exc):
        await self.disconnect()

    async def server_command(self, cmd):    #⑦
        conn = await asyncpg.connect(
            DSN.format(**self.params))
        await conn.execute(cmd)
        await conn.close()

    async def add_listener(self, channel, callback):    #⑧
        conn: asyncpg.Connection = await self.pool.acquire()
        await conn.add_listener(channel, callback)
        self.listeners.append(conn)

if __name__ == '__main__':
    parser = argparse.ArgumentParser()
    parser.add_argument('--cmd', choices=['create', 'drop'])
    parser.add_argument('--name', type=str)
    args = parser.parse_args()
    d = Database(args.name, owner=True)
    if args.cmd == 'create':
        asyncio.run(d.connect())
    elif args.cmd == 'drop':
        asyncio.run(d.disconnect())
    else:
        parser.print_help()
```

① **Database** 클래스는 PostgreSQL 인스턴스에서 데이터베이스를 생성하고 삭제하는 콘텍스트 관리자이다. 데이터베이스의 이름을 제너레이터에 매개변수로 전달한다.

② (유의: 실제 호출 순서는 여기서의 메서드들의 순서와 다르다) 이것은 **비동기** 콘텍스트 관리자이다. 일반적인 __enter__()와 __exit__() 메서드를 호출하기 보다 __aenter__() 와 __aexit__()를 사용한다.

③ 콘텍스트 관리자의 시작점으로 새 데이터베이스를 생성하고 새 데이터베이스에 대한 연결을 반환한다. server_command()는 또 다른 헬퍼 메서드로 몇 줄 아래에 정의되어 있다. 새로운 데이터베이스를 생성하는 명령어를 실행하기 위해 사용한다.

④ 새로 생성한 데이터베이스에 대한 연결을 만든다. 연결에 관련된 세부 사항은 코드를 간결하게 유지하기 위해 하드코딩하였다. 여러분은 사용자 이름, 호스트, 포트와 같은 매개변수에 대한 처리를 쉽게 분리할 수 있을 것이다.

⑤ 콘텍스트 관리자를 종료할 때 연결을 종료한다.

⑥ 데이터베이스를 제거한다.

⑦ 이것은 PostgreSQL 서버에서 명령어를 실행하는 유틸리티 메서드이다. 데이터베이스에 연결하고 명령어를 실행한 후, 연결을 종료한다.

⑧ 이 함수는 데이터베이스에서 이벤트를 수신하기 위해 수명이 긴 소켓 연결을 생성한다. 이후 사례 연구에서 사용될 것이다.

> **CAUTION_** 직전 예제의 8번에서 이벤트를 수신하고자 하는 각 채널 전용 연결을 생성하였다. 수신 중인 모든 채널에 대한 PostgreSQL 작업자가 있다는 의미로 상당히 비용이 많이 든다. 더 나은 설계는 여러 개의 채널에 대해 하나의 연결만 사용하는 것이다. 예제를 파악한 후에 여러 채널에 대한 수신자들에 대해 하나의 연결만 사용하도록 수정해보자.

이제 **asyncpg**의 기본적 구성 요소는 확인하였으므로 실제에 가까운 사례 연구를 통해 상세히 알아보자. PostgreSQL의 내장된 기능인 이벤트 알림으로 캐시 무효화를 수행해보자.

4.6.1 사례 연구: 캐시 무효화

> 컴퓨터 과학의 난제는 오직 두 가지뿐이다. 바로 캐시 무효화와 이름 짓기이다.
>
> — 필 칼턴Phil Karlton

웹 서비스나 웹 애플리케이션에서 데이터베이스와 같은 영구persistence 계층이 성능상 병목 지점이 되는 일은 다른 계층들에 비해 더 흔하다. 예를 들어 애플리케이션 계층의 경우 인스턴스를 늘려 수평적 확장을 하기 쉬운 반면, 데이터베이스의 경우는 상당히 어렵다.

이러한 이유로 데이터베이스와의 과도한 동작을 제한하도록 설계하는 방향이 일반적이다. 가장 일반적인 방안은 **캐싱**으로 이전에 데이터베이스에 대해 수행한 결과를 '기억하고' 재활용하여 이후 동일한 정보를 얻고자 하는 호출이 데이터베이스에서 수행되지 않도록 하는 것이다.

하지만 어떤 애플리케이션 인스턴스에서 새로운 데이터로 갱신하고 있는 중간에 다른 애플리케이션 인스턴스에서 내부 캐시에서 낡고 오래된 데이터를 가져와 반환한다면 어떤 일이 발생할까? 이는 전통적인 **캐시 무효화** 문제로 적절히 해결하기 매우 어렵다.

우리의 해결 전략은 다음과 같다.

1 각 애플리케이션 인스턴스는 DB 쿼리에 대한 인메모리in-memory 캐시를 가진다.
2 데이터베이스에 새 데이터를 기록할 때 데이터베이스는 모든 연결된 애플리케이션 인스턴스에 새 데이터에 대해 알린다.
3 알림을 받으면 각 애플리케이션 인스턴스는 내부 캐시를 갱신한다. .

이번 사례 연구에서는 PostgreSQL에서 LISTEN[28]과 NOTIFY[29] 명령어를 통한 이벤트 알림 기능으로 어떻게 데이터 변경에 대해 **알리는지** 알아보겠다.

asyncpg는 LISTEN/NOTIFY API를 이미 지원 중이다. PostgreSQL의 이 기능으로 명명된 채널에 대한 이벤트를 구독하고 명명된 채널에 대해 이벤트를 게시할 수 있다. 이 기능 덕분에 PostgreSQL를 RabbitMQ[30] 혹은 ActiveMQ[31]의 가벼운 대체재로 사용할 수 있다.

이번 사례 연구에는 기존 예제보다 더 많은 부분을 포함하다 보니 코드를 선형적으로 표현하기 어렵다. 대신에 최종 결과부터 확인한 다음 구현 코드를 확인하겠다.

우리 애플리케이션에서는 JSON 기반 API 서버로 로봇 식당의 단골patron들이 선호하는 메뉴를 관리하도록 하겠다. 데이터베이스에는 단 하나의 **patron** 테이블만 있고, 해당 테이블에는 2개의 필드인 **name**과 **fav_dish**가 있다. API는 일반적인 네 가지 동작을 지원하는데, **생성**create, **읽기**read, **수정**update, **삭제**delete로 CRUD이다.

다음은 **curl**을 이용해 API를 호출하는 예제로 데이터베이스에 레코드를 생성한다 (**localhost:8000**에서 실행 중인 서버를 어떻게 시작하는지는 잠시 후 확인하겠다).

---

28 http://bit.ly/2EP9yeJ
29 http://bit.ly/2BN5lp1
30 https://oreil.ly/jvDgm
31 https://oreil.ly/yiaK0

```
$ curl -d '{"name": "Carol", "fav_dish": "SPAM Bruschetta"}' \
    -H "Content-Type: application/json" \
    -X POST \
    http://localhost:8000/patron
{"msg":"ok","id":37}
```

-d 매개변수는 데이터에 대한 것이고,[32] -H는 HTTP 헤더, -X는 HTTP 요청 메서드(GET,
DELETE, PUT 등), URL은 API 서버에 대한 것이다. 잠시 후 관련 코드를 확인하겠다.

출력을 확인하면, 생성 결과는 ok이고 데이터베이스에 생성된 레코드의 기본 키^{primary key}를 id
로 반환했다.

다음 몇 가지 셸 코드 조각^{shell snippet}으로 다른 세 가지 동작을 실행해보겠다. **읽기, 수정, 삭제**이
다. 이 명령어로 방금 생성한 단골 레코드를 읽을 수 있다.

```
$ curl -X GET http://localhost:8000/patron/37
{"id":37,"name":"Carol","fav_dish":"SPAM Bruschetta"}
```

데이터를 읽는 것은 명확하다. 원하는 레코드의 id를 URL 내에 포함하여 전달해야 한다는 점
을 유의하자.

다음으로 레코드를 수정한 후 결과를 확인한다.

```
$ curl -d '{"name": "Eric", "fav_dish": "SPAM Bruschetta"}' \
    -H "Content-Type: application/json" \
    -X PUT \
    http://localhost:8000/patron/37
$ curl -X GET http://localhost:8000/patron/37
{"msg":"ok"}
{"id":37,"name":"Eric","fav_dish":"SPAM Bruschetta"}
```

항목을 수정하는 것은 생성하는 것과 비슷하지만, 두 가지 차이가 있다.

- 수정의 HTTP 요청 메서드(-X)는 PUT으로 생성의 POST와는 다르다.
- URL에 id 필드를 포함하여 수정하려는 항목을 지정해야 한다.

---

32 이 메뉴의 조리법과 스팸을 이용하는 다른 요리에 조리법은 UKTV 웹사이트에서 확인할 수 있다(http://bit.ly/2CGymPL).

마지막으로 다음 명령어로 레코드를 삭제하고 삭제 결과를 확인할 수 있다.

```
$ curl -X DELETE http://localhost:8000/patron/37
$ curl -X GET http://localhost:8000/patron/37
{"msg":"ok"}
null
```

보다시피 존재하지 않는 레코드에 대해 GET을 요청하면 null을 반환한다.

지금까지는 평이하였지만, 우리의 목표는 단순히 CRUD API를 생성하는 것이 아니라 캐시 무효화이다. 이제 캐시를 살펴보자. 애플리케이션의 API에 대한 기본적인 부분을 살펴보았으므로 각 요청의 소요 시간을 확인하기 위해 애플리케이션 로그를 확인해보겠다. 이를 통해 어떤 요청이 캐시되었고 어떤 요청이 DB에 접근했는지 알 수 있다.

처음 서버를 시작하면 캐시는 메모리 캐시이기 때문에 비어 있다. 서버를 시작한 후 바로 이어서 두 가지 GET 요청을 별도의 셸 명령어로 실행한다.

```
$ curl -X GET http://localhost:8000/patron/29
$ curl -X GET http://localhost:8000/patron/29
{"id":29,"name":"John Cleese","fav_dish":"Gravy on Toast"}
{"id":29,"name":"John Cleese","fav_dish":"Gravy on Toast"}
```

처음 레코드를 읽어올 때는 캐시 누락^{cache miss}이 발생하고, 두 번째에는 캐시 적중^{chahe hit}이 발생할 것이다. API 서버의 로그에서 이를 확인할 수 있다(처음으로 만들어볼 Sanic 웹 서버로, **localhost:8000**에서 실행 중이다).

```
$ sanic_demo.py
2019-09-29 16:20:33 - (sanic)[DEBUG]:
```

```
2019-09-29 16:20:33 (sanic): Goin' Fast @ http://0.0.0.0:8000
2019-09-29 16:20:33 (sanic): Starting worker [10366]    #①
2019-09-29 16:25:27 (perf): id=37 Cache miss    #②
2019-09-29 16:25:27 (perf): get Elapsed: 4.26 ms    #③
2019-09-29 16:25:27 (perf): get Elapsed: 0.04 ms    #④
```

① 이 줄까지는 모두 sanic 시작 로그 메시지이다.

② 설명한 바와 같이 서버가 방금 시작되었으므로 첫 번째 GET에 대해 캐시 누락이 발생한다.

③ 첫 번째 curl -X GET에 의한 것이다. API 엔드포인트에 소요 시간 측정 기능을 추가하였다. GET 요청 처리기에서 ~4ms 소요되었다.

④ 두 번째 GET은 캐시에서 데이터를 가져와 반환하여, 훨씬 빠르다.

지금까지는 특별한 것이 없다. 많은 웹 애플리케이션이 이와 같은 방식으로 캐시를 운용한다.

이제 8001 포트로 두 번째 애플리케이션 인스턴스를 시작해보겠다(첫 번째 인스턴스는 8000 포트이다).

```
$ sanic_demo.py --port 8001
<snip>
2017-10-02 08:09:56 - (sanic): Goin' Fast @ http://0.0.0.0:8001
2017-10-02 08:09:56 - (sanic): Starting worker [385]
```

물론 2개의 인스턴스 모두 동일한 데이터베이스에 연결한다. 이제 API 서버 인스턴스 2개가 동시에 실행 중인 상태로 단골 **John**의 식단 데이터에 스팸이 충분하지 않다고 수정하겠다. 여기서는 8000 포트에서 실행 중인 첫 번째 애플리케이션 인스턴스에 대해 UPDATE를 수행한다.

```
$ curl -d '{"name": "John Cleese", "fav_dish": "SPAM on toast"}' \
    -H "Content-Type: application/json" \
    -X PUT \
    http://localhost:8000/patron/29
{"msg":"ok"}
```

하나의 애플리케이션 인스턴스에서 수정 이벤트가 발생한 직후, **양쪽**의 API 서버에서 로그에 이벤트 발생을 기록한다.

```
2019-10-02 08:35:49 - (perf)[INFO]: Got DB event:
{
    "table": "patron",
    "id": 29,
    "type": "UPDATE",
    "data": {
        "old": {
            "id": 29,
            "name": "John Cleese",
            "fav_dish": "Gravy on Toast"
        },
        "new": {
            "id": 29,
            "name": "John Cleese",
            "fav_dish": "SPAM on toast"
        },
        "diff": {
            "fav_dish": "SPAM on toast"
        }
    }
}
```

데이터베이스에서 양쪽의 애플리케이션 인스턴스에 수정 이벤트가 발생했음을 보고하였다. 8001 포트의 애플리케이션 인스턴스에 대해 어떠한 요청도 수행하지 않았다. 이러한 보고는 새로운 데이터가 캐시되었다는 의미일까?

확인을 위해 8001 포트에서 실행 중인 두 번째 서버에 대해 **GET**을 수행한다.

```
$ curl -X GET http://localhost:8001/patron/29
{"id":29,"name":"John Cleese","fav_dish":"SPAM on toast"}
```

로그 출력에 있는 소요 시간을 확인하면 첫 번째 요청임에도 불구하고 데이터를 캐시에서 직접 불러왔음을 확인할 수 있다.

```
2019-10-02 08:46:45 - (perf)[INFO]: get Elapsed: 0.04 ms
```

즉, 데이터베이스를 수정하면 **연결된 모든 애플리케이션 인스턴스**에 알림이 전송하여 캐시를 갱신하도록 한다.

더 이상의 설명은 생략하고 캐시 무효화에 대한 **asyncpg** 코드 구현을 살펴보겠다. [예제 4-23]의 서버 코드에 대한 기본적인 설계는 다음과 같다.

1 웹 API 서버는 **asyncio** 호환 Sanic 웹 프레임워크[33]를 사용하여 구현한다.
2 백엔드의 PostgreSQL 인스턴스에 데이터를 저장하고 API는 웹 API 서버의 여러 개의 인스턴스에 의해 제공한다.
3 애플리케이션 서버에서 데이터베이스의 데이터를 캐시한다.
4 애플리케이션 서버는 DB의 특정 테이블들에 대해 **asyncpg**의 이벤트로 구독하고 DB 테이블의 데이터가 변경되면 변경 알림을 수신한다. 이를 통해 애플리케이션 서버의 인스턴스들은 각자의 인메모리 캐시를 갱신한다.

예제 4-23 Sanic을 사용한 API 서버

```python
# sanic_demo.py
import argparse
from sanic import Sanic
from sanic.views import HTTPMethodView
from sanic.response import json
from util import Database    #①
from perf import aelapsed, aprofiler    #②
import model

app = Sanic()    #③

@aelapsed
async def new_patron(request):    #④
    data = request.json    #⑤
    id = await model.add_patron(app.pool, data)    #⑥
    return json(dict(msg='ok', id=id))    #⑦
```

---

33 https://oreil.ly/q5eA4

```python
class PatronAPI(HTTPMethodView, metaclass=aprofiler):    #⑧
    async def get(self, request, id):
        data = await model.get_patron(app.pool, id)    #⑨
        return json(data)

    async def put(self, request, id):
        data = request.json
        ok = await model.update_patron(app.pool, id, data)
        return json(dict(msg='ok' if ok else 'bad'))    #⑩

    async def delete(self, request, id):
        ok = await model.delete_patron(app.pool, id)
        return json(dict(msg='ok' if ok else 'bad'))

@app.listener('before_server_start')    #⑪
async def db_connect(app, loop):
    app.db = Database('restaurant', owner=False)    #⑫
    app.pool = await app.db.connect()    #⑬
    await model.create_table_if_missing(app.pool)    #⑭
    await app.db.add_listener('chan_patron', model.db_event)    #⑮

@app.listener('after_server_stop')    #⑯
async def db_disconnect(app, loop):
    await app.db.disconnect()

if __name__ == "__main__":
    parser = argparse.ArgumentParser()
    parser.add_argument('--port', type=int, default=8000)
    args = parser.parse_args()
    app.add_route(
        new_patron, '/patron', methods=['POST'])    #⑰
    app.add_route(
        PatronAPI.as_view(), '/patron/<id:int>')    #⑱
    app.run(host="0.0.0.0", port=args.port)
```

① 앞에서 나왔던 **Database** 유틸리티 헬퍼 클래스이다. 이 클래스에서 데이터베이스 접속에 필요한 메서드를 제공한다.

② 2개의 도구를 추가하여 각 API 엔드포인트의 경과 시간을 기록할 수 있도록 한다. 직전의 논의에서 **GET** 요청 시 데이터를 캐시에서 읽어 들였는지 확인하기 위해 이 도구를 사용했었다. `aelapsed()`와 `aprofiler()`의 구현은 이 예제의 주요한 내용은 아니므로 [예제

B-5]에 포함하였다.

③ Sanic 애플리케이션 인스턴스를 생성한다.

④ 이 코루틴 함수에서 새로운 단골 항목을 만든다. 예제 코드의 하단에 있는 add_route() 호출부에서 new_patron()을 엔드포인트 /patron에 연동하고 POST HTTP만 수용하도록 한다. @aelapsed 데커레이터는 Sanic API의 일부가 아니라 각 호출에 대한 소요 시간을 로그로 남기기 위한 필자가 만든 도구이다.

⑤ Sanic은 request 객체의 .json 속성으로 수신한 JSON 데이터를 바로 역직렬화하는 기능을 제공한다.

⑥ model 모듈은 데이터베이스의 patron 테이블에 대한 **모델**이다. 상세한 내용은 다음 예제에서 살펴보겠다. 모든 데이터베이스 쿼리와 SQL은 이 model 모듈에 들어 있다. 메서드 호출 시 데이터베이스에 대한 커넥션 풀을 전달한다. 이와 같은 패턴을 이후 PatronAPI 클래스에서도 사용할 것이다.

⑦ 새로운 기본 키인 id를 생성하고 메서드 호출자에게 JSON으로 반환한다.

⑧ 생성은 new_patron() 함수로 처리하지만, 나머지 처리는 **클래스 기반 뷰**로 처리한다. 이 부분이 Sanic의 편리한 점이다. 이 클래스의 모든 메서드는 동일한 URL인 /patron/에 연동하는데, 이는 예제 하단에 있는 add_route() 함수에서 확인할 수 있다. id URL 매개변수를 3개의 메서드에 모두 전달될 것이고 3개의 엔드포인트에 필요하다는 점을 유의하자.

metaclass 인수를 무시해도 무방하다. 이 인수가 하는 역할은 @aelapsed 데커레이터로 각 메서드를 감싸는 것으로 로그에 소요 시간을 출력한다. 다시 언급하지만 이 기능은 Sanic API의 일부가 아니라 소요 시간을 로그에 출력하기 위한 필자의 코드이다.

⑨ 전과 마찬가지로 모델과의 상호작용은 model 모듈 내에서 수행한다.

⑩ 모델에서 데이터 갱신에 실패했음을 보고하면 응답 데이터를 수정한다. 파이썬의 **삼항 연산자**ternary operator를 본 적이 없는 독자들을 위해 포함하였다.

⑪ @app.listener 데커레이터는 Sanic에서 제공하는 후크로 서버 시작과 종료 절차 중에 추가 동작을 처리하는 기능이다. 매개변수가 before_server_start로 지정된 이 데커레이터로 API 서버가 시작하기 전에 이 메서드를 호출한다. 따라서 데이터베이스 연결을 초기화

하기에 적절한 위치이다.

⑫ **Database** 헬퍼로 PostgreSQL 인스턴스에 대한 연결을 생성한다. 우리가 접속하는 DB 는 **restaurant**이다.

⑬ 데이터베이스에 대한 커넥션 풀을 얻는다.

⑭ **patron** 테이블에 대한 모델을 사용하여 테이블이 없다면 생성한다.

⑮ 모델을 사용하여 데이터베이스 이벤트에 대한 전용 수신자를 생성하고 **chan_patron** 채 널의 이벤트를 수신한다. 이러한 이벤트에 대한 콜백 함수는 **model.db_event()**로 다음 예 제에서 확인하겠다. 콜백은 데이터베이스에서 채널에 이벤트가 있을 때마다 호출된다.

⑯ **after_server_stop**은 애플리케이션 인스턴스 종료 시 실행할 작업을 위한 후크다. 여 기서 데이터베이스와의 연결을 끊는다.

⑰ **add_route()**로 **/patron** URL에 대한 **POST** 요청을 **new_patron()** 코루틴 함수에 연동 한다.

⑱ 이 **add_route()** 호출로 **모든** **/patron/<id:int>** URL에 대한 요청을 **PatronAPI** 클래 스 기반 뷰에 연동한다. 해당 클래스의 메서드 이름은 어떤 것이 호출될지를 결정한다. 예를 들면 **GET** HTTP 호출은 **PatronAPI.get()** 메서드로 연동된다.

앞의 코드에서 서버의 모든 HTTP 처리를 포함하였고 데이터베이스에 대한 커넥션 풀 설정, DB 서버상의 **chan_patron** 채널에서 발생하는 **db-event** 이벤트에 대한 수신자 설정 등의 서 버 시작과 종료 작업을 포함하였다.

[예제 4-24]에서 데이터베이스의 **patron** 테이블에 대한 모델을 확인하자.

예제 4-24. 'patron' 테이블에 대한 DB 모델

```
# model.py
import logging
from json import loads, dumps
from triggers import (
    create_notify_trigger, add_table_triggers)   #①
from boltons.cacheutils import LRU   #②
```

```python
logger = logging.getLogger('perf')

CREATE_TABLE = ('CREATE TABLE IF NOT EXISTS patron('    #③
                'id serial PRIMARY KEY, name text, '
                'fav_dish text)')
INSERT = ('INSERT INTO patron(name, fav_dish) '
          'VALUES ($1, $2) RETURNING id')
SELECT = 'SELECT * FROM patron WHERE id = $1'
UPDATE = 'UPDATE patron SET name=$1, fav_dish=$2 WHERE id=$3'
DELETE = 'DELETE FROM patron WHERE id=$1'
EXISTS = "SELECT to_regclass('patron')"

CACHE = LRU(max_size=65536)    #④

async def add_patron(conn, data: dict) -> int:    #⑤
    return await conn.fetchval(
        INSERT, data['name'], data['fav_dish'])

async def update_patron(conn, id: int, data: dict) -> bool:
    result = await conn.execute(    #⑥
        UPDATE, data['name'], data['fav_dish'], id)
    return result == 'UPDATE 1'

async def delete_patron(conn, id: int):    #⑦
    result = await conn.execute(DELETE, id)
    return result == 'DELETE 1'

async def get_patron(conn, id: int) -> dict:    #⑧
    if id not in CACHE:
        logger.info(f'id={id} Cache miss')
        record = await conn.fetchrow(SELECT, id)    #⑨
        CACHE[id] = record and dict(record.items())
    return CACHE[id]

def db_event(conn, pid, channel, payload):    #⑩
    event = loads(payload)    #⑪
    logger.info('Got DB event:\n' + dumps(event, indent=4))
    id = event['id']
    if event['type'] == 'INSERT':
        CACHE[id] = event['data']
    elif event['type'] == 'UPDATE':
        CACHE[id] = event['data']['new']    #⑫
    elif event['type'] == 'DELETE':
        CACHE[id] = None
```

```
async def create_table_if_missing(conn):    #⑬
    if not await conn.fetchval(EXISTS):
        await conn.fetchval(CREATE_TABLE)
        await create_notify_trigger(
            conn, channel='chan_patron')
        await add_table_triggers(
            conn, table='patron')
```

① 데이터가 변경될 때 알림을 받기 위해서는 데이터베이스에 트리거를 추가해야 한다. 필자가 이를 위한 헬퍼인 트리거 함수를 생성하는 **create_notify_trigger**와 특정 테이블에 트리거를 추가하는 **add_table_triggers**를 만들었다. 이와 관련된 SQL은 이 책의 범위 밖이지만, 이번 사례 연구를 이해하기 위해 필요하므로 주석을 첨부한 코드를 부록 B에 포함하였다.

② 서드파티 라이브러리인 **boltons** 패키지의 강력한 LRU 캐시를 사용한다. 이는 표준 라이브러리 모듈인 **functools**의 **@lru_cache** 데커레이터 보다 유용하다.[34]

③ 여기의 문자열들은 표준 CRUD 동작에 대한 SQL들이다. PostgreSQL의 매개변수 처리를 위한 네이티브 문법인 $1이나 $2를 사용한다. 그 외 특별한 내용은 없다.

④ 이 애플리케이션 인스턴스를 위한 캐시를 만든다.

⑤ 이 함수는 Sanic 모듈 내의 **new_patron()** 엔드포인트에서 호출한다. 함수 내에서 **fetchval()** 메서드를 사용하여 새로운 데이터를 추가한다. 왜 **execute()**가 아닌 **fetchval()**인가? 왜냐하면 **fetchval()**은 새로 추가한 레코드의 기본 키를 반환하기 때문이다.[35]

⑥ 기존 레코드를 수정한다. 성공하면 PostgreSQL은 **UPDATE 1**을 반환하고 이를 수정에 성공했는지 확인하기 위한 기준으로 사용한다.

⑦ 삭제는 수정과 유사하다.

⑧ 읽기 동작이다. 이 동작이 CRUD 중 유일하게 캐시와 연관된 부분으로 추가, 수정, 삭제 시에는 캐시를 갱신하지 않는다. 그렇기 때문에 데이터 변경 시 캐시를 갱신하기 위해 데이

----

34 pip install boltons로 boltons를 설치한다.
35 SQL에 RETURNING id 부분을 포함해야 한다.

터베이스로부터 비동기 알림을 받아야 한다.

⑨ 당연히 첫 번째 GET 요청 후부터 캐시를 사용해야 한다.

⑩ db_event() 함수는 DB 알림 채널인 chan_patron에 이벤트 발생 시 asyncpg에서 호출할 콜백이다. 이 함수의 매개변수는 asyncpg에서 지정한다. conn은 이벤트가 전달할 연결, pid는 이벤트를 전달한 PostgreSQL 인스턴스의 프로세스 ID, channel은 채널명(여기서는 chan_patron이다), payload는 채널을 통해 전달된 데이터이다.

⑪ JSON 데이터를 dict으로 역직렬화한다.

⑫ 캐시 생성은 보통 특별한 점이 없다. 하지만 갱신 이벤트에는 새로운 데이터와 오래된 데이터를 모두 포함하고 있어 캐시 갱신 시에 새로운 데이터만 꺼내어 캐시를 갱신해야 함에 유의하자.

⑬ 이 작은 함수는 테이블이 없는 경우 재생성하기 위한 함수이다.

여기서 데이터베이스 알림 트리거를 생성하고 patron 테이블에 추가한다. [예제 B-4]에 주석을 추가한 코드를 포함하였다.

이제 사례 연구의 끝에 도달하였다. Sanic을 사용하여 API 서버를 만드는 매우 간단한 방법, asyncpg 사용하여 커넥션 풀로 쿼리를 수행하는 방법, PostgreSQL의 비동기 알림 기능을 이용하여 수명이 긴 전용 데이터베이스 연결로 콜백을 받는 방법을 확인하였다.

많은 사람이 데이터베이스와 연동하기 위해 ORM을 사용하고, 이 분야의 리더는 SQLAlchemy[36]이다. SQLAlchemy를 asyncpg와 함께 사용하려는 시도가 늘고 있어 서드 파티 라이브러리인 asyncpgsa[37]와 GINO[38]가 제작되었다. 다른 유명 ORM인 Peewee[39]도 aiopeewee[40]를 통해 asyncio를 지원하고 있다.

---

36 https://www.sqlalchemy.org
37 https://oreil.ly/TAKwC
38 https://oreil.ly/a4qOR
39 https://oreil.ly/pl0Gn
40 https://oreil.ly/76dzO

4.7 그 외 라이브러리와 자료

이 책에서 다루지 못한 asyncio와 관련된 라이브러리가 더 존재한다. aio-libs 프로젝트[41]에서 약 40개의 라이브러리를 확인할 수 있고 놀라운 asyncio 프로젝트[42]에서 asyncio 호환되는 프로젝트의 북마크를 확인할 수 있다.

특별히 언급하고 싶은 라이브러리로 aiofiles[43]가 있다. 앞서 논의한 바와 같이, Asyncio에서 높은 병행성을 다루기 위해서는 이벤트 루프를 블로킹하지 않는 것이 매우 중요하다. 이러한 관점에서 특히 네트워크 기반 I/O를 다루었는데 디스크 접근 또한 매우 높은 병행성 수준에서는 성능에 큰 영향을 줄 수 있는 블로킹 동작이다. aiofiles는 스레드로 디스크 접근을 수행하는 편리한 라이브러리이다. 파일 처리를 수행하는 동안 파이썬이 GIL을 해제하여 asyncio 루프를 실행하는 메인 스레드가 영향을 받지 않도록 한다.

Asyncio의 가장 중요한 영역은 네트워크 프로그래밍이다. 이러한 이유로 소켓 프로그래밍을 익히는 편이 도움이 될 것이다. 다소 오래 되었으나 고든 맥밀런[Gordon McMillan]의 'Socket Programming HOWTO(소켓 프로그래밍 HOWTO)'[44]가 가장 좋은 소개 자료가 될 수 있다.

필자는 다양한 출처로부터 Asyncio를 익혔었고, 여러 가지를 공유했다. 그런데 사람마다 배우는 방식이 제각각이므로 다른 종류의 학습 자료도 의미가 있을 수 있다.

- 로버트 스몰샤이어[Robert Smallshire]의 'Get to grips with asyncio in Python 3(Python 3에서 Asyncio를 다루기)'[45] 영상은 2017년 1월 NDC 런던에서 발표되었다. 이것은 지금까지 Asyncio에 대한 최고의 유튜브 영상이다. 초심자에게 다소 어려울 수 있으나, Asyncio를 어떻게 설계했는가에 대한 명확한 설명을 확인할 수 있다.
- 니콜라이 노빅[Nikolay Novik]의 'BUILDING APPS WITH ASYNCIO(Asyncio를 사용하여 애플리케이션 만들기)'[46] 슬라이드는 'PyCon UA 2016'에서 발표되었다. 내용이 다소 많지만 실질적 경험을 많이 담고 있다.
- 파이썬 REPL의 수많은 세션을 통해 다양한 시도와 현황을 확인할 수 있다.

앞으로도 계속해서 배우기를 권하고, 어떤 개념을 이해할 수 없다면 자신에게 잘 맞는 설명을 찾아 새로운 자료를 탐닉하자.

....

41 https://oreil.ly/40Uf_
42 https://oreil.ly/SsC_0
43 https://oreil.ly/6ThkG
44 https://bit.ly/2sQt2d6
45 https://oreil.ly/S5jRX
46 https://oreil.ly/ufpft

CHAPTER 5

마치며

파이썬에 등장하는 새로운 기능은 모든 이에게 새로울 것이다. 필자는 20년 가까이 파이썬을 경험하였고 이전 프로젝트에서는 트위스티드와 토네이도를 사용하여 이벤트 기반 프로그래밍에 익숙하지만, Asyncio는 배우기 어려웠다. asyncio API는 아직 고수준의 문서가 부족하기 때문에 처음에 했던 예상보다 훨씬 복잡했다. 하지만 Asyncio를 익히는데 시간을 어느 정도 투자하고 나니 이제는 익숙하게 느껴진다. 여러분도 마찬가지일 것이다. 필자는 API의 설계에 일관된 구조와 목적이 있다는 점을 깨달았고 이러한 점을 이 책에 담았기 때문에 필자보다 Asyncio에 익숙해지는 시간이 오래 걸리지 않을 것이다. 기본적인 이해를 하고 나니 굳이 문서를 찾아보지 않고 Asyncio 기반 코드를 작성할 수 있게 되었다. 이는 아주 좋은 징조로 모든 표준 라이브러리 모듈에서 이러한 현상을 경험할 수는 없었다.

물론, 아직 거친 면이 있기는 하다. asyncio 표준 라이브러리가 크고 세부적인 API를 모두 지원하여, 프레임워크 설계자와 최종 사용자 개발자를 모두 지원하려 하기 때문이다. 즉, 우리와 같은 최종 사용자 개발자들은 사용해야 하는 API와 사용하지 말아야 할 API를 구분해야 한다. 또한 asyncio와 관련된 서드파티 라이브러리 생태계가 성장하고 있으므로 asyncio 표준 라이브러리 API를 직접 사용하기 보다는 서드파티 라이브러리를 사용하게 될 것이다. aiohttp 나 Sanic과 같은 라이브러리가 좋은 예이다. 많은 사람들이 asyncio API를 사용하게 될수록 asyncio API는 점점 더 개선될 것이다.

우연의 일치로 책을 쓰는 시기에 ZeroMQ를 익혀야 했었고, asyncio를 pyzmq와 함께 사용하여 네트워크 프로그래밍을 즐겁게 할 수 있었다. Asyncio를 익힐 수 있는 가장 좋은 방법은 실험하고, 시험하고, 즐기는 것이다.

파이썬의 비동기 지원에 대한 역사

> 오랫동안 파이썬 표준 라이브러리의 일부였음에도 asyncore 모듈은 유연하지 못한 API
> 의 근본적인 결함을 갖고 있어, 현대적 비동기 네트워킹 모듈의 기대에 부응하지 못한다.
>
> 더욱이, 비동기 네트워킹의 잠재력을 충분히 활용하기 위해 개발자에게 필요한 모든 도
> 구를 제공하기에는 접근 방식이 너무 단순하다.
>
> 현재 상용에서 가장 많이 사용되는 솔루션은 서드파티 라이브러리이다. 어느 정도 만족
> 스러운 해결책을 제공하지만, 라이브러리 간의 호환성 부족으로 특정 라이브러리에 매우
> 밀접하게 종속^{tightly coupled}되는 경향이 높다.
>
> – 라우런스 판하우트번^{Laurens van Houtven}, 'PEP 3153',
> 'Asynchronous IO Support(비동기 IO 지원)'[1]

이 부록을 통해서 파이썬의 비동기 프로그래밍의 역사에 대해 간략히 설명하고 20년 동안 기
다려온 핵심적인 혁신이 바로 **언어 문법**이었다는 점을 강조하고자 한다.

많은 이가 놀라는 점은 Asyncio가 파이썬에서 비동기 네트워크 프로그래밍 기능을 추가하고
자 한 첫 번째 시도가 **아니라**는 사실이다.

---

1 https://oreil.ly/pNyro

A.1 태초에 asyncore가 있었다

asyncore에 비해 트위스티드는 이식성이 좋고, 기능이 다양하고, 단순하며, 확장성이 뛰어나고, 유지보수가 잘 되며, 문서화가 잘 되어 있다. asyncore는 모든 면에서 트위스티드보다 모자라다.

— 글리프[Glyph], 2010년 스택 오버플로에서[2]

asyncore는 실로 역사적 유산일 뿐, 실제로 사용해서는 안 된다.

— 진—폴 캘더론[Jean-Paul Calderone], 2013년 스택 오버플로에서[3]

소위 **비동기 기능**에 대한 지원은 파이썬에 오래전에 추가되었고 그것이 바로 **asyncore** 모듈이다. 앞선 인용문에서 알 수 있듯이, asyncore에 대한 반응은 미온적이었고 사용되는 경우도 흔치 않았다. 더 놀라운 점은 이 모듈이 추가된 **시기**가 파이썬 1.5.2였다! 파이썬 소스 중 **Lib/asyncore.py**의 상단에는 다음과 같이 적혀져 있다.

```
# -*- Mode: Python -*-
#   Id: asyncore.py,v 2.51 2000/09/07 22:29:26 rushing Exp
#   Author: Sam Rushing <rushing@nightmare.com>

# ==========================================================
# Copyright 1996 by Sam Rushing
```

게다가 파이썬의 asyncore에 대한 문서[4]의 첫 단락에는 asyncio의 **최근 문서**와 비슷한 내용이 있다.

이 모듈은 비동기 소켓 서비스 클라이언트와 서버를 작성하기 위한 기본 인프라를 제공한다.

하나의 프로세서에서 하나의 프로그램이 '한 번에 두 개 이상의 작업'을 하도록 하기 위한

---

2 https://oreil.ly/4pEeJ
3 https://oreil.ly/oWGEZ
4 https://oreil.ly/tPp8_

방법은 두 가지뿐이다. 멀티스레드 프로그래밍은 가장 간결하고 인기 있는 방식이지만, 또 다른 기술이 있다. 그 기술을 사용하면 멀티스레드의 거의 모든 장점을 취하면서도 멀티스레드를 쓸 필요가 없다. 프로그램이 대부분 I/O 위주인 경우 실효성이 있다. 프로그램이 프로세서 위주라면 선점형으로 스케줄링되는 멀티스레드가 더 적합하다. 그런데 네트워크 서버는 프로세서 위주인 경우가 거의 없다.

1996년? 정말? 분명히 그 당시에 파이썬에서 하나의 스레드로 여러 개의 소켓을 처리할 수 있었다(사실 몇몇 다른 언어들보다 훨씬 일찍 가능했다). 지난 사반세기 동안 어떤 일이 있었기에 지금 Asyncio가 특별한가?

답은 언어 문법에 있다. 다음 절에서 면밀히 살펴보자. 물론 파이썬 asyncore 문서(2016년 12월경)에 다음과 같이 써 있다는 걸 잊지 말자.

소스 코드: Lib/asyncore.py

파이썬 3.6 이후 사라짐: 대신 asyncio를 사용하십시오.

A.2 네이티브 코루틴으로 가는 길

Asyncio라는 용어로 파이썬 언어의 문법적 변화와 표준 라이브러리의 새로운 asyncio 모듈 모두를 지칭하였다.[5] 둘 사이의 차이를 살펴보자.

오늘날 파이썬의 비동기 프로그래밍 지원에는 세 가지 중요한 요소가 있다. 각각의 요소가 추가된 시기를 살펴보자.

언어 문법: 제너레이터

yield 키워드는 'PEP 255'[6]의 파이썬 2.2에서 추가되었고 'PEP 342'[7]의 파이썬 2.5에서

---

5 asyncio는 파이썬 3.4에서 추가되었다.

6 https://oreil.ly/35Czp

7 https://oreil.ly/UDWl_

send()와 throw() 메서드가 제너레이터 객체에 추가되면서 개선되었다. 이 개선을 통해 처음으로 제너레이터를 코루틴으로 사용할 수 있게 되었다.

키워드 yield from은 'PEP 380'[8]의 파이썬 3.3에서 추가되어 제너레이터에 **내포된** yield를 사용하기 편해졌다. 특히 제너레이터를 임시 코루틴으로 사용하기 훨씬 간편해졌다.

언어 문법: 코루틴

키워드 async와 await가 'PEP 492'[9]의 파이썬 3.5에서 추가되면서, 코루틴 자체가 언어의 기능으로 추가되었다. 이로 인해 제너레이터는 제너레이터로 쓰일 수 있게 되었고 코루틴 함수 내에서 제너레이터를 사용할 수도 있게 되었다.

라이브러리 모듈: asyncio

'PEP 3156'[10]의 파이썬 3.4 에서 추가되면서 프레임워크 설계자와 최종 사용자 개발자 모두가 코루틴을 이용하고 네트워크 I/O를 처리할 수 있게 되었다. 결정적으로 asyncio의 이벤트 루프는 토네이도나 트위스티드와 같은 서드파티 프레임워크를 표준화할 수 있는 기반을 제공하였다.

이 세 가지는 서로 상당히 구분되지만, 파이썬의 역사에서 이 기능들의 개발 과정에는 혼란스러운 점이 있어 구분하기 힘들 수도 있다.

새로운 문법인 async와 await의 영향은 상당하여 자바스크립트, C#, 스칼라Scala, 코틀린Kotlin, 다트Dart 등의 다른 프로그래밍 언어에 영향을 끼쳤다.

파이썬과 관련된 수천 명의 프로그래머의 오랜 시간과 많은 고민이 필요했다.

---

8 https://oreil.ly/38jVG

9 https://oreil.ly/XJUmS

10 https://oreil.ly/QKG4m

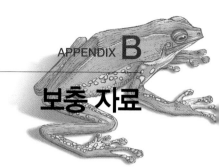

APPENDIX B

보충 자료

이 부록에는 사례 연구와 관련된 일부 코드가 있다. 사례를 이해하는 데 도움이 될 것이다.

B.1 Asyncio를 사용하는 식기 예제

2.3절에서 전역 kitchen 객체 인스턴스의 식기 항목을 멀티스레드로 수정하여 발생하는 경합 조건 오류를 분석하였다. 다음은 비동기 버전을 만드는 방법이다.

[예제 B-1]에서 asyncio 접근법을 통한 병행성에 대한 **관측 가능성**observability을 강조하고자 한다.

예제 B-1 asyncio를 사용한 식기 관리

```python
import asyncio

class CoroBot():    #①
  def __init__(self):
    self.cutlery = Cutlery(knives=0, forks=0)
    self.tasks = asyncio.Queue()    #②

  async def manage_table(self):
    while True:
      task = await self.tasks.get()    #③
```

```
        if task == 'prepare table':
          kitchen.give(to=self.cutlery, knives=4, forks=4)
        elif task == 'clear table':
          self.cutlery.give(to=kitchen, knives=4, forks=4)
        elif task == 'shutdown':
          return

from attr import attrs, attrib

@attrs
class Cutlery:
    knives = attrib(default=0)
    forks = attrib(default=0)

    def give(self, to: 'Cutlery', knives=0, forks=0):
        self.change(-knives, -forks)
        to.change(knives, forks)

    def change(self, knives, forks):
            self.knives += knives
            self.forks += forks

kitchen = Cutlery(knives=100, forks=100)
bots = [CoroBot() for i in range(10)]

import sys
for b in bots:
    for i in range(int(sys.argv[1])):
        b.tasks.put_nowait('prepare table')
        b.tasks.put_nowait('clear table')
    b.tasks.put_nowait('shutdown')

print('Kitchen inventory before service:', kitchen)

loop = asyncio.get_event_loop()
tasks = []
for b in bots:
    t = loop.create_task(b.manage_table())
    tasks.append(t)

task_group = asyncio.gather(*tasks)
loop.run_until_complete(task_group)
print('Kitchen inventory after service:', kitchen)
```

① ThreadBot 대신 CoroBot을 사용한다. 이 코드에서는 하나의 스레드만 사용하고 해당 스레드에서 10개의 개별적 CoroBot 객체 인스턴스를 관리할 것이다. 각 CoroBot은 식당의 식탁을 하나씩 관리한다.

② queue.Queue 대신에 asyncio 기반 대기열을 사용한다.

③ 여기가 중요한 부분이다. 서로 다른 CoroBot 인스턴스 간에 콘텍스트 전환을 할 수 있는 유일한 위치는 바로 await 키워드가 있는 곳이다. 이 함수의 나머지 부분에서는 콘텍스트 전환이 **일어날 수 없다**. 이로 인해 주방 식기 재고를 수정할 때 경합 조건이 발생하지 않는다.

await 키워드가 있는 곳에서만 콘텍스트 전환이 일어나므로 **관측 가능**하다. 이를 통해 병행 애플리케이션에서 경합 조건의 가능성을 훨씬 쉽게 유추할 수 있다. 태스크가 얼마가 되든 관계없이 항상 테스트를 통과한다.

```
$ python cutlery_test_corobot.py 100000
Kitchen inventory before service: Cutlery(knives=100, forks=100)
Kitchen inventory after service: Cutlery(knives=100, forks=100)
```

놀라울 일이 아니다. 코드 내에 경합 조건을 불러일으킬 부분이 전혀 없다는 팩트로 인해 예상 가능한 결과이기 때문이다.

B.2 새로운 웹사이트 스크레이퍼에 대한 보충 자료

[예제 B-2]의 index.html은 4.4.2절의 코드를 실행하기 위해 필요하다.

예제 B-2 웹 스크레이핑 사례 연구를 위해 필요한 index.html

```
<!DOCTYPE html>
<html lang="en">
<head>
    <meta charset="UTF-8">
    <title>The News</title>
    <style>
        .wrapper {
```

```
            display: grid;
            grid-template-columns: 300px 300px 300px;
            grid-gap: 10px;
            width: 920px;
            margin: 0 auto;
        }

        .box {
            border-radius: 40px;
            padding: 20px;
            border: 1px solid slategray;
        }

        .cnn {
            background-color: #cef;
        }

        .aljazeera {
            background-color: #fea;
        }

        h1 {
            text-align: center;
            font-size: 60pt;
        }

        a {
            color: black;
            text-decoration: none;
        }
        span {
            text-align: center;
            font-size: 15pt;
            color: black;
        }
    </style>
</head>
<body>
<h1>The News</h1>
<div class="wrapper">
    $body
</div>
</body>
</html>
```

기본적인 스타일인 매우 간단한 템플릿이다.

B.3 ZeroMQ 사례 연구를 위한 보충 자료

4.5.2절에서 지표 차트를 보이기 위해 HTML 파일이 필요하다고 언급했었다. 그 파일인 charts.html를 [예제 B-3]에서 확인할 수 있다. smoothie.min.js에 대한 URL을 Smoothie Charts[1]에서 얻거나 CDN에서 얻어 src 속성에서 사용하자.

예제 B-3 charts.html

```html
<!DOCTYPE html>
<html lang="en">
<head>
    <meta charset="UTF-8">
    <title>Server Performance</title>
    <script src="smoothie.min.js"></script>
    <script type="text/javascript">
        function createTimeline() {
            var cpu = {};    #①
            var mem = {};

            var chart_props = {
                responsive: true,
                enableDpiScaling: false,
                millisPerPixel:100,
                grid: {
                    millisPerLine: 4000,
                    fillStyle: '#ffffff',
                    strokeStyle: 'rgba(0,0,0,0.08)',
                    verticalSections: 10
                },
                labels:{fillStyle:'#000000',fontSize:18},
                timestampFormatter:SmoothieChart.timeFormatter,
                maxValue: 100,
                minValue: 0
            };
```

----

1 http://smoothiecharts.org

```
            var cpu_chart = new SmoothieChart(chart_props);    #②
            var mem_chart = new SmoothieChart(chart_props);

            function add_timeseries(obj, chart, color) {    #③
                obj[color] = new TimeSeries();
                chart.addTimeSeries(obj[color], {
                    strokeStyle: color,
                    lineWidth: 4
                })
            }

            var evtSource = new EventSource("/feed");    #④
            evtSource.onmessage = function(e) {
                var obj = JSON.parse(e.data);    #⑤
                if (!(obj.color in cpu)) {
                    add_timeseries(cpu, cpu_chart, obj.color);
                }
                if (!(obj.color in mem)) {
                    add_timeseries(mem, mem_chart, obj.color);
                }
                cpu[obj.color].append(
                    Date.parse(obj.timestamp), obj.cpu);    #⑥
                mem[obj.color].append(
                    Date.parse(obj.timestamp), obj.mem);
            };

            cpu_chart.streamTo(
                document.getElementById("cpu_chart"), 1000
            );
            mem_chart.streamTo(
                document.getElementById("mem_chart"), 1000
            );
        }
    </script>
    <style>
        h1 {
            text-align: center;
            font-family: sans-serif;
        }
    </style>
</head>
<body onload="createTimeline()">
    <h1>CPU (%)</h1>
```

```
<canvas id="cpu_chart" style="width:100%; height:300px">
</canvas>
<hr>
<h1>Memory usage (MB)</h1>
<canvas id="mem_chart" style="width:100%; height:300px">
</canvas>
```

① cpu와 mem은 각각 색상과 TimeSeries() 인스턴스 간의 매핑이다.

② 차트 인스턴스 하나는 CPU에 대한 것이고 다른 하나는 메모리에 대한 것이다.

③ EventSource() 인스턴스의 onmessage 이벤트 **내부**에서 TimeSeries() 인스턴스를 생성한다. 즉, 새로운 데이터(예를 들면 다른 색상)가 전달되면 자동으로 새로운 TimeSeries() 인스턴스를 생성한다. add_timeseries() 함수는 TimeSeries() 인스턴스를 생성하고 전달된 차트 인스턴스에 추가한다.

④ /feed URL에 대해 새로운 EventSource()를 생성한다. 브라우저는 서버(**metric_server.py**)의 이 엔드포인트에 접속한다. 연결이 끊기면 브라우저가 자동으로 재접속한다. SSE는 무시되는 경우가 있지만, 단순성으로 인해 웹소켓보다 선호된다.

⑤ onmessage 이벤트는 서버에서 데이터를 전송할 때마다 발생할 것이다. 여기서 데이터를 JSON으로 변환한다.

⑥ cpu 변수는 색상과 TimeSeries() 인스턴스의 매핑이다. 여기서 TimeSeries() 인스턴스를 얻은 후 데이터를 추가한다. 또한 타임스탬프를 얻고 파싱한 후, 차트에 적합한 양식으로 변환한다.

B.4 asyncpg 사례 연구를 위한 데이터베이스 트리거 처리

4.6.1절에서 공간을 절약하기 위해 파이썬 소스 파일을 생략했었다. [예제 B-4]에서 확인할 수 있다.

```python
# triggers.py
from asyncpg.connection import Connection    #①

async def create_notify_trigger(    #②
        conn: Connection,
        trigger_name: str = 'table_update_notify',
        channel: str = 'table_change') -> None:
    await conn.execute(
        'CREATE EXTENSION IF NOT EXISTS hstore')    #③
    await conn.execute(
            SQL_CREATE_TRIGGER.format(
                trigger_name=trigger_name,
                channel=channel))    #④

async def add_table_triggers(    #⑤
        conn: Connection,
        table: str,
        trigger_name: str = 'table_update_notify',
        schema: str = 'public') -> None:
    templates = (SQL_TABLE_INSERT, SQL_TABLE_UPDATE,
                SQL_TABLE_DELETE)    #⑥
    for template in templates:
        await conn.execute(
            template.format(
                table=table,
                trigger_name=trigger_name,
                schema=schema))    #⑦

SQL_CREATE_TRIGGER = """\
CREATE OR REPLACE FUNCTION {trigger_name}()
  RETURNS trigger AS $$
DECLARE
  id integer; -- or uuid
  data json;
BEGIN
  data = json 'null';
  IF TG_OP = 'INSERT' THEN
    id = NEW.id;
    data = row_to_json(NEW);
  ELSIF TG_OP = 'UPDATE' THEN
    id = NEW.id;
    data = json_build_object(
```

```
      'old', row_to_json(OLD),
      'new', row_to_json(NEW),
      'diff', hstore_to_json(hstore(NEW) - hstore(OLD))
  );
ELSE
  id = OLD.id;
  data = row_to_json(OLD);
END IF;
PERFORM
  pg_notify(
    '{channel}',
    json_build_object(
      'table', TG_TABLE_NAME,
      'id', id,
      'type', TG_OP,
      'data', data
    )::text
  );
RETURN NEW;
END;
$$ LANGUAGE plpgsql;
"""    #⑧


SQL_TABLE_UPDATE = """\
DROP TRIGGER IF EXISTS
  {table}_notify_update ON {schema}.{table};
CREATE TRIGGER {table}_notify_update
  AFTER UPDATE ON {schema}.{table}
    FOR EACH ROW
      EXECUTE PROCEDURE {trigger_name}();
"""    #⑨


SQL_TABLE_INSERT = """\
DROP TRIGGER IF EXISTS
  {table}_notify_insert ON {schema}.{table};
CREATE TRIGGER {table}_notify_insert
  AFTER INSERT ON {schema}.{table}
    FOR EACH ROW
      EXECUTE PROCEDURE {trigger_name}();
"""


SQL_TABLE_DELETE = """\
DROP TRIGGER IF EXISTS
  {table}_notify_delete ON {schema}.{table};
```

```
CREATE TRIGGER {table}_notify_delete
  AFTER DELETE ON {schema}.{table}
    FOR EACH ROW
      EXECUTE PROCEDURE {trigger_name}();
"""
```

① Connection만 import하고 있으나 asyncpg가 필수적이다.

② create_notify_trigger() 코루틴 함수에서는 데이터베이스의 트리거 함수를 생성한다. 트리거 함수는 알림을 전달할 채널 이름을 포함한다. 트리거 함수를 생성하는 코드는 SQL_CREATE_TRIGGER 변수에 포함되어 있다.

③ 사례 연구의 예제였던 변경 알림의 'diff' 항목에는 기존 데이터와 신규 데이터 간의 차이가 포함되어 있었다. PostgreSQL의 hstore 기능을 사용하여 diff를 계산한다(집합 연산에 가깝다). hstore 확장은 기본 설정이 아니므로 따로 사용하도록 설정해야 한다.

④ 원하는 트리거 이름과 채널로 템플릿에서 대체한 후 실행된다.

⑤ 두 번째 함수인 add_table_triggers()는 트리거 함수를 추가, 변경, 삭제와 같은 테이블 이벤트에 연결한다.

⑥ 세 가지 메서드 각각에 해당하는 세 가지 SQL 템플릿이다.

⑦ 원하는 값으로 템플릿 내의 변수들을 대체한 후, 생성한 SQL을 실행한다.

⑧ 이 SQL 코드는 정확히 이해하기 위해 시간이 필요할 수 있다. 이 PostgreSQL 프로시저는 추가, 변경, 삭제 이벤트에 대해 호출된다. INSERT 동작은 NEW를 정의한다(OLD는 **정의하지 않는다**). DELETE 동작은 OLD는 정의하지만, NEW는 정의하지 않는다. UPDATE 동작은 OLD와 NEW를 정의하고, 둘 사이의 차이를 계산한다. PostgreSQL에 내장된 JSON 관련 함수인 row_to_json()과 hstore_to_json()을 이용한다. 이를 통해 적절한 JSON을 콜백 처리기에서 받을 수 있다. 마지막으로 pg_notify()를 호출하여 실제 이벤트를 전송한다. {channel}에 대한 **모든 구독자**가 알림을 받는다.

⑨ 이것은 표준 트리거 코드이다. INSERT 혹은 UPDATE와 같은 특정 이벤트가 발생하면 특정 프로시저인 {trigger_name}()을 호출하도록 트리거를 설정한다.

PostreSQL의 알림을 활용하여 다양한 애플리케이션을 만들 수 있다.

B.5 Sanic 예제를 위한 보충 자료: aelapsed와 aprofiler

4장의 Sanic 사례 연구에서 함수 실행에 소요된 시간을 출력하는 데커레이터를 사용했었다. [예제 B-5]에서 확인할 수 있다.

예제 **B-5** perf.py

```
# perf.py
import logging
from time import perf_counter
from inspect import iscoroutinefunction

logger = logging.getLogger('perf')

def aelapsed(corofn, caption=''):    #①
    async def wrapper(*args, **kwargs):
        t0 = perf_counter()
        result = await corofn(*args, **kwargs)
        delta = (perf_counter() - t0) * 1e3
        logger.info(
            f'{caption} Elapsed: {delta:.2f} ms')
        return result
    return wrapper

def aprofiler(cls, bases, members):    #②
    for k, v in members.items():
        if iscoroutinefunction(v):
            members[k] = aelapsed(v, k)
    return type.__new__(type, cls, bases, members)
```

① aelapsed() 데커레이터로 감싸진 코루틴의 실행에 소요된 시간을 기록한다.

② aprofiler() 메타클래스metaclass는 클래스의 멤버 중 코루틴 함수인 모든 멤버를 aelapsed() 데커레이터로 감싼다.

INDEX

INDEX